ARQUETIPOS
Guía Práctica

Descubre Cuál Es Tu Arquetipo, Con Esta Guía Práctica
Basada En Los Arquetipos De Carl Jung Para Conocerte
Mejor A Ti Mismo Y A Los Demás

Juan David Arbeláez

Edición original en español:
Arquetipos: Guía Práctica
Juan David Arbeláez

Primera edición enero de 2024

Derechos reservados. Ninguna parte de este libro puede ser reproducida o transmitida en cualquier forma o por ningún medio electrónico o mecánico, incluyendo fotocopiado, grabado o por cualquier almacenamiento de información o sistema de recuperación, sin permiso escrito de Juan David Arbeláez.

Nota importante de exención de responsabilidad: Este libro es solo para propósitos educativos y de entretenimiento. El autor ha hecho todo lo posible para proporcionar información completa, precisa, actual y confiable, pero no se puede garantizar. El autor no es un experto en asesoramiento legal, financiero, médico o profesional. La información en este libro se ha recopilado de diferentes fuentes, por lo que es importante que consultes a un profesional antes de probar cualquier técnica descrita. Al leer este libro, aceptas que el autor no se hace responsable de ninguna pérdida directa o indirecta que pueda surgir por el uso de la información proporcionada, como errores o inexactitudes.

COPYRIGHT© Jaxbird LLC

Contenido

Introducción 1

Quienes somos 4

¿Qué Son Los Arquetipos? 6

¿Quién Fue Carl Jung? 8

    El Inconsciente Colectivo 9

    Intuición Y Arquetipos 11

    Las Fobias 12

    Creencias 13

    Sueños 13

    Los Arquetipos De Jung Y Sus Orígenes 14

Los Cuatro Arquetipos Principales De Jung 16

    La Persona 16

    El Yo 18

    El Ánima 20

    La Sombra 22

Los Doce Arquetipos De Personalidad 26

    El Inocente 26

El Huérfano 27

El Cuidador 30

El Explorador 32

El Rebelde 35

El Amante 36

El Creador 39

El Bufón 41

El Mentor o Sabio 44

El Mago 45

El Gobernante 47

Test 1: Descubre Tu Arquetipo 51

Instrucciones 51

Analizando tus Respuestas 61

Elon Musk, Donald Trump y La Reina Isabel II leen este libro… 63

Test 2: Una Aventura Arquetípica a lo "Marvel" 75

Instrucciones 75

Significado de las Respuestas 81

Representación Arquetípica de los personajes de Marvel 86

Lecturas Arquetípicas 88

El Inocente 89

El Huérfano / El Hombre Corriente 92

El Héroe 96

El Cuidador 99

El Explorador 103

El Rebelde 107

El Amante 111

El Creador 114
El Bufón 118
El Mentor o Sabio 121
El Mago 125
El Gobernante 128

Epílogo **132**

Otros libros...**134**

Introducción

¿Alguna vez te has preguntado qué fuerzas subyacen detrás de tus acciones y decisiones? ¿Qué moldea tu personalidad y tus relaciones con los demás? Este libro ofrece una ventana a estas cuestiones fundamentales a través de la teoría de los arquetipos de Carl Jung. Aquí, no nos sumergimos profundamente en la complejidad de la teoría junguiana, sino que extraemos elementos esenciales que te permitirán analizarte a ti mismo y a los demás, proporcionando una guía práctica y accesible para entender por qué somos como somos.

Carl Jung introdujo el concepto de arquetipos como representaciones universales e innatas, esculpidas por el conocimiento humano ancestral. Estos arquetipos son más que simples patrones de comportamiento; son manifestaciones profundas que conectan nuestro presente con el legado psicológico de nuestros antepasados. Jung sostenía que, generalmente, somos dominados por un arquetipo principal, aunque la expresión de este puede variar considerablemente debido a influencias culturales y experiencias personales únicas.

El objetivo de este libro es ayudarte a identificar los arquetipos que juegan un papel crucial en tu vida. Reconociendo y comprendiendo estos arquetipos, puedes embarcarte en un viaje de autodescubrimiento, autoconciencia y crecimiento personal. Más allá de la simple identificación, este libro te invita a tomar las riendas, eligiendo conscientemente el arquetipo más adecuado para cada etapa de tu vida, transformando así tu existencia en una más plena y exitosa.

Cada capítulo se dedica a explorar un arquetipo específico. Descubrirás cómo estos arquetipos no solo influyen en tus deseos y ambiciones, sino también cómo se manifiestan en tu vida diaria, moldeando tus decisiones y relaciones. Esta comprensión te permitirá navegar mejor en el complejo mundo de las interacciones humanas, llevando a relaciones más ricas y significativas.

Este libro va más allá de la mera teoría, ofreciendo enfoques prácticos para integrar estos conocimientos en tu vida diaria. Al comprender y trabajar con tus arquetipos dominantes, no solo lograrás una mayor autoconciencia, sino que también abrirás un camino hacia un desarrollo personal profundo y significativo.

Al final, te toparás con dos tests de personalidad únicos y completamente originales, diseñados para ayudarte a descubrir cuál es tu arquetipo dominante. El primero es un test de elección múltiple con 36 preguntas, un formato tradicional que hemos adaptado con preguntas sencillas y opciones con las que te identificarás fácilmente. Incluso hemos evaluado a tres grandes personalidades que, en teoría, han respondido este test. El segundo test se centra en personajes de MARVEL (propiedad de Disney) y plantea una serie de preguntas que resuenan con personas de todas las edades y audiencias modernas. Este test es ideal para descubrir los tipos de arquetipos que te gustaría tener en tu entorno.

Finalmente, este libro es más que una guía; es una invitación a una aventura de autoexploración. A través del lente de los arquetipos de Jung, te animamos a profundizar en tu ser interior, descubriendo las fuerzas que te impulsan a ser quién eres. Con cada página, te acercarás a una comprensión más profunda de ti mismo y de aquellos a tu alrededor, desbloqueando un mundo de posibilidades para vivir una vida más auténtica y satisfactoria.

¡Te deseamos un viaje lleno de descubrimientos, diversión y profundo conocimiento con este libro!

Juan David Arbeláez

Quienes somos

TusDecretos.com es el fruto de la colaboración entre Natalia Martínez y Juan David Arbeláez, dos mentes apasionadas por el vasto mundo del conocimiento humano. Con un enfoque en temas metafísicos, psicológicos y de nuevo pensamiento, hemos creado un espacio donde la curiosidad y el deseo de aprender son siempre bienvenidos.

Nuestro canal de YouTube (https://youtube.com/@TusDecretos) es una verdadera biblioteca de conocimientos, que abarca una amplia gama de temas. Desde los misterios más profundos de la mente y el espíritu hasta enfoques prácticos para la superación personal, cada video es una ventana a un mundo de descubrimiento y entendimiento.

Nuestras múltiples publicaciones (Disponibles en www.LibrEitorial.com) exploran cómo aprovechar el conocimiento humano desde múltiples perspectivas, ofreciendo a nuestros lectores una rica fuente de inspiración y aprendizaje. Cada artículo, cada blog, es un paso más en este viaje hacia el autodescubrimiento y transformación personal.

Además, somos los creadores de www.TellMeMyDream.com portal de interpretación de sueños más grande de Latinoamérica. Este proyecto es un testimonio de nuestra dedicación a explorar y entender los rincones más misteriosos de la psique humana. A través de esta plataforma, brindamos a las personas las herramientas para descifrar los mensajes ocultos en sus sueños, abriendo puertas a una comprensión más profunda de sí mismos y del mundo que les rodea.

En TusDecretos, creemos firmemente que en el poder del conocimiento. Por eso, nos esforzamos en crear contenidos que sean accesibles para todos, independientemente de sus intereses o nivel de conocimiento previo. Ya sea que busques consejos para mejorar tu bienestar físico y mental, aprender a manifestar, o simplemente entender mejor tu vida cotidiana, estamos aquí para satisfacer ese deseo de saber.

Nuestro objetivo es ser una fuente de información confiable y un compañero en tu camino del conocimiento. Cada vez que tengas una pregunta, queremos ser quienes te proporcionen una respuesta complementaria. Cada vez que busques misterios y enigmas, queremos ser la primera opción en tu mente. Recuerda siempre que un simple "qué" y su deseo por responderlo, puede ser la llave que abre la puerta hacia una nueva dimensión de éxito.

Encuéntranos en redes sociales:

https://facebook.com/magiamental

https://youtube.com/tusdecretos

-Tus Decretos

¿Qué Son Los Arquetipos?

Los arquetipos son patrones de comportamiento humano universales que se manifiestan en nuestras historias, sueños y en la forma en que percibimos a los demás. La palabra "arquetipo" proviene del griego arkhetypon, que significa "modelo original". Estos arquetipos representan las características esenciales y las cualidades típicas de ciertos roles o personalidades. Por ejemplo, piensa en la figura de la madre, que en todas las culturas se asocia con la crianza, la confianza y la compasión. Es interesante notar cómo en diferentes idiomas y culturas se hace referencia a esta figura de forma similar, como lo es el concepto de "madre naturaleza".

Estos patrones no se limitan a personajes familiares como la figura materna o paterna, sino que incluyen una amplia gama de roles, como el anciano sabio, conocido por su conocimiento y guía, o el payaso, quien a menudo representa la alegría y el humor en nuestras vidas. Lo fascinante de los arquetipos es que, a pesar de las diferencias culturales y lingüísticas, existen similitudes sorprendentes en cómo los percibimos y los representamos, reflejando una especie de sabiduría colectiva y experiencia compartida en la humanidad.

Además de los arquetipos mencionados, Carl Jung, el famoso psiquiatra suizo, desarrolló un marco teórico más amplio alrededor de esta idea. Según Jung, los arquetipos son componentes del inconsciente colectivo, una especie de memoria ancestral compartida por toda la humanidad. Estos no solo se manifiestan en los roles y personajes que reconocemos en nuestras culturas, sino también en símbolos y mitos universales. Por ejemplo, el arquetipo del héroe, presente en innumerables mitologías y cuentos populares, simboliza la lucha, el crecimiento personal y la superación de obstáculos. Asimismo, los arquetipos pueden manifestarse en nuestras vidas diarias, influenciando nuestras decisiones, relaciones y cómo nos enfrentamos a los desafíos. Al entender estos arquetipos, podemos obtener una mejor comprensión de nosotros mismos y de la sociedad, ya que nos ofrecen una ventana a los temas y preocupaciones universales de la experiencia humana.

¿Quién Fue Carl Jung?

Carl Jung, psicólogo suizo nacido en 1875, es reconocido por fundar la psicología analítica. Sus innovaciones incluyen conceptos como el inconsciente colectivo, arquetipos, y la clasificación de personalidades en introvertidas y extrovertidas. Estas ideas surgieron de su interés en cómo los símbolos y mitos universales se entrelazan en nuestras mentes, tanto consciente como subconscientemente, afectando nuestras acciones y pensamientos.

En sus inicios, Jung trabajó junto a Sigmund Freud, otro notable psicoanalista. Muchos de los planteamientos de Freud fueron influenciados por las primeras investigaciones de Jung. Sin embargo, con el tiempo, sus caminos teóricos tomaron rumbos distintos. Jung empezó a cuestionar las teorías psicoanalíticas de Freud, especialmente en lo que respecta a la interpretación del inconsciente. Mientras Freud lo veía como un depósito de experiencias personales reprimidas, Jung lo consideraba un pozo de experiencias humanas compartidas.

Este contraste en sus teorías marcó un punto de inflexión en la psicología. Jung se adentró en la exploración del inconsciente colectivo, proponiendo que este era un reservorio de experiencias y símbolos compartidos por toda la humanidad, heredados a través de generaciones. Su fascinación por los arquetipos, figuras o temas recurrentes en los mitos y cuentos de diversas culturas, reflejaba su creencia en una base común psicológica en la humanidad. La idea de arquetipos, como el héroe, el sabio o la madre, era central en su teoría, argumentando que estos patrones universales influían profundamente en el comportamiento y la psique individual.

Además, Jung desarrolló una comprensión más profunda de las personalidades introvertidas y extrovertidas, aspectos que hoy en día son fundamentales en el estudio del comportamiento humano. Su enfoque en la individualidad y la búsqueda del autoconocimiento a través de la exploración del inconsciente abrió nuevas perspectivas en la psicología, marcando una diferencia sustancial con las teorías previas. Su legado sigue siendo una piedra angular en el estudio de la psique humana, inspirando continuamente nuevas generaciones de psicólogos y aficionados a la psicología.

El Inconsciente Colectivo

El término "inconsciente colectivo" fue acuñado por Carl Jung en los años 30, refiriéndose a una parte de la mente inconsciente, que según él, se transmite genéticamente y no se altera por las experiencias personales de cada individuo. Jung lo describía como una "psique objetiva", una base común para todos los seres humanos, compartiendo conocimientos e imágenes desde un origen ancestral.

Según Jung, este inconsciente colectivo es universal, presente en cada persona, y juega un papel crucial en la formación de creencias, comportamientos e instintos profundos. Incluye aspectos como la espiritualidad, las conductas sexuales y los instintos de supervivencia. Esta noción propone que, más allá de nuestras experiencias personales, todos los seres humanos compartimos un patrimonio psíquico común.

Este concepto sugiere que, aunque no somos conscientes del contenido específico de nuestro inconsciente colectivo, este influye en nuestra vida cotidiana. En momentos de crisis o desafío, según Jung, es posible que accedamos a este reservorio de sabiduría y experiencia ancestral, permitiéndonos responder a situaciones con una comprensión más profunda y un sentido de conexión con el pasado de la humanidad.

El inconsciente colectivo de Jung es fundamental para entender cómo los arquetipos, que son imágenes y temas universales, se manifiestan en diversas culturas y épocas. Estos arquetipos, como el héroe, el sabio o la madre, son ejemplos de patrones psicológicos compartidos que emergen de este inconsciente común. A través de esta teoría, Jung abrió un camino para explorar cómo las experiencias y sabidurías ancestrales continúan influyendo en nuestras vidas, comportamientos y decisiones, conectando así a los individuos con un pasado colectivo y un patrimonio psicológico común.

Intuición Y Arquetipos

De acuerdo a Jung, el inconsciente colectivo, que transmite nociones universales, es conocido como arquetipos. Estos arquetipos pueden manifestarse como signos, símbolos o patrones heredados de pensamiento y comportamiento. Estas imágenes míticas o símbolos culturales no son estáticos ni inalterables, sino que varios arquetipos pueden superponerse o fusionarse en un momento dado. Dentro de los arquetipos propuestos por Jung, encontramos los siguientes:

- **La Muerte**

- **El Nacimiento**

- **El Renacimiento**

- **El Niño**

- **El Anima**

- **La Madre**

- **El Héroe**

Jung sostenía que el arquetipo de la madre era el más significativo. Él creía que este arquetipo se manifestaba no solo en la figura literal de una madre, abuela, madrastra, suegra o enfermera personal, sino también en formas figurativas, como:

- **Un campo arado**

- **Un jardín**

- **Un manantial o un pozo**

- **El campo**

- **La tierra**

- **La iglesia**

- **El mar**

- **La Madre de Dios**

- **El bosque**

Según Jung, el arquetipo de la madre podía presentar cualidades tanto positivas como negativas, como el amor y la calidez materna. De igual manera, podía tener aspectos positivos y negativos, como la madre terrible o la diosa del destino.

Las Fobias

La teoría del inconsciente colectivo de Jung arroja luz sobre cómo los miedos y las fobias sociales pueden emerger de manera espontánea en niños y adultos. El temor a la oscuridad, a ruidos fuertes, a puentes o a la sangre puede tener sus raíces en este inconsciente colectivo, que se ha argumentado como una característica genética.

Un estudio reveló que aproximadamente un tercio de los niños británicos experimentan miedo a las serpientes a la edad de seis años, a pesar de que las serpientes son poco comunes en las Islas Británicas. Esto es notable, ya que muchos de estos niños nunca han tenido contacto con una serpiente en una situación traumática, lo que sugiere que el temor a las serpientes está arraigado en lo profundo de su psique.

Creencias

Una parte significativa del inconsciente colectivo se relaciona con la formación de nociones profundamente arraigadas sobre la espiritualidad y la religión. En consecuencia, las creencias religiosas se consideran una manifestación del inconsciente colectivo debido a las similitudes y la universalidad presentes en todas las creencias.

Es plausible argumentar que la moral y la ética, al igual que las concepciones de justicia, bien y mal, también están influenciadas por el inconsciente colectivo. Por lo tanto, este concepto desempeña un papel en la explicación de estos aspectos fundamentales de la vida humana.

Sueños

Jung sostenía que los sueños proporcionaban valiosa información sobre el inconsciente colectivo. Creía que los símbolos específicos en los sueños eran universales debido a los arquetipos que representaban. En otras palabras, los mismos símbolos pueden ser interpretados de manera diferente por cada individuo.

A diferencia de su contemporáneo Sigmund Freud, Jung consideraba que los sueños eran personales y que su interpretación requería un profundo conocimiento sobre el soñador. Mientras Freud a menudo asociaba ciertos símbolos con pensamientos inconscientes específicos, Jung adoptaba una perspectiva más amplia.

Para Jung, los sueños tenían un propósito de compensación, llenando áreas de la psique que estaban subdesarrolladas en la vida consciente. Esta perspectiva abrió la puerta al uso de los sueños como herramienta para la investigación, diagnóstico y tratamiento de trastornos psiquiátricos y fobias, al proporcionar una ventana al inconsciente colectivo y personal de cada individuo.

Los Arquetipos De Jung Y Sus Orígenes

¿De dónde, entonces, surgen estos arquetipos descritos por Jung? Según él, el nacimiento de estos arquetipos radica en lo más profundo del inconsciente colectivo. Jung consideraba que estos moldes eran inherentes, universales y transmitidos a través de las generaciones. Para él, los arquetipos son una parte innata y esencial en la formación de nuestra percepción de ciertos elementos de la realidad.

Contrario a la idea de la "tabula rasa", que sugiere que la mente humana es una pizarra vacía al nacer, llenándose únicamente con las experiencias vividas, Jung defendía que la mente humana posee características biológicas fundamentales y comparte un inconsciente común con nuestros ancestros. Estas "imágenes primigenias", como él las denominaba al principio, son la piedra angular para entender la esencia del ser humano.

Jung argumentaba que figuras míticas y personajes históricos encarnaban los arquetipos que habitan en el interior de todos los seres humanos a nivel global. Estos arquetipos simbolizan instintos, valores y rasgos esenciales del carácter humano. Aunque identificó principalmente cuatro arquetipos, consideraba que existía un número casi ilimitado de ellos. A pesar de que no se pueden ver directamente, su presencia se infiere a través del análisis de elementos como la religión, los sueños, el arte y la literatura, los cuales actúan como expresiones de estos patrones arquetípicos en la psique humana.

Los Cuatro Arquetipos Principales De Jung

Los arquetipos junguianos, según el pensamiento de Carl Jung, pueden ser herramientas poderosas para el crecimiento espiritual y pueden guiarte hacia la realización de tu pleno potencial en la vida. Jung sostenía que en la personalidad de cada individuo se encuentran presentes aspectos de cuatro arquetipos fundamentales. Él creía que cada uno de estos arquetipos desempeñaba un papel en la configuración de la personalidad, pero que la mayoría de las personas estaban predominantemente influenciadas por uno de estos arquetipos.

Según la perspectiva de Jung, la representación de un arquetipo en la psicología de una persona está influenciada por diversas variables, como las influencias culturales y las experiencias personales que haya tenido.

Estos arquetipos actúan como modelos o patrones para nuestra conducta y tienen un impacto significativo en la forma en que pensamos y actuamos en la vida. Los cuatro arquetipos fundamentales en la teoría junguiana son la Persona, el Yo, el Anima/Animus y la Sombra.

La Persona

En el enfoque de Jung, el arquetipo de la Persona representa la máscara social que un individuo presenta al mundo. Jung la describía como una máscara diseñada "para causar una impresión definida en los demás y, al mismo tiempo, para ocultar la verdadera naturaleza del individuo".

La palabra "persona" tiene su origen en el término latino que significa máscara, rostro falso o personaje interpretado por un actor. Esta palabra se vincula a las grandes máscaras que utilizaban los actores griegos antiguos para representar a los personajes en el teatro. El propósito de estas máscaras era proporcionar información sobre el personaje que representaban en lugar de ocultar la identidad del actor. De manera similar, la Persona nos permite asumir un papel social y comportarnos de acuerdo a las expectativas de los demás, pero detrás de esta máscara se encuentra la verdadera identidad del individuo.

En la vida, existen diferentes roles que los seres humanos asumen y que a menudo implican el uso de máscaras sociales. Estos roles pueden estar relacionados con tu ocupación, la religión en la que naciste, tus creencias políticas o incluso tu orientación sexual, entre otros aspectos. Algunos ejemplos de roles que puedes desempeñar son:

- **Médico**

- **Policía**

- **Profesor**

- **Abogado**

- **Padre**

- **Madre**

- **Esposa**

- **Esposo**

Cada uno de estos roles proporciona cierta previsibilidad en las interacciones sociales. Roles como el médico y el paciente, o el instructor y el estudiante, te brindan pautas sobre qué hacer y dónde hacerlo en situaciones específicas. Un papel social sólido puede ser fundamental para establecer relaciones positivas con los demás, mejorar la comunicación, proyectar la imagen que deseas y desenvolverte en tu entorno mientras cumples con las responsabilidades que la sociedad espera de ti.

En consecuencia, estos roles sociales ayudan a las personas a adaptarse al mundo social externo. Sin embargo, aferrarse en exceso a estos arquetipos puede hacer que las personas pierdan de vista su verdadera identidad.

El Yo

El concepto del Yo es una representación profunda de la combinación entre la consciencia y la inconsciencia en la psicología. La formación del Yo se conoce como individuación, un proceso que abarca la integración de diversas facetas de la personalidad de una persona.

Para Carl Jung, la discrepancia entre la mente inconsciente y la mente consciente podría conducir a dificultades psicológicas significativas. Traer estas tensiones a la luz de la consciencia y lograr su armonización se consideraba un elemento esencial en el viaje de la individuación.

El Yo se manifiesta de diversas maneras a lo largo de la historia y la cultura. Puede aparecer en mitos y cuentos de hadas como figuras sobresalientes como profetas, salvadores, monarcas y héroes. Estos son arquetipos positivos con los que todos estamos familiarizados.

En los sueños, el Yo puede surgir en formas intrigantes, a veces tomando la apariencia de un ser mitad humano y mitad animal, una persona disoluta o incluso un monje.

Una representación simbólica del Yo es el conocido símbolo del Yin-Yang, que simboliza la unión de opuestos complementarios. Aquí, los opuestos se representan como energías o principios que apuntan hacia una mayor unidad y equilibrio.

Por ejemplo, Jesús se autodenomina el "Alfa y la Omega" a lo largo de las Escrituras, un simbolismo que Carl Jung encontraba sumamente interesante. Jung relacionaba los números cuatro y doce con el arquetipo del Yo, y estos números también tienen una fuerte asociación con Cristo en la tradición cristiana. Los doce discípulos y los cuatro brazos de la cruz son ejemplos claros de esta conexión simbólica.

Además de estas correspondencias, el arquetipo del Yo también se asocia con la imagen de la deidad en la psique humana. Jung, de hecho, equiparó a Cristo con esta imagen. Esto implica que, en la mente humana, la figura de

Cristo puede representar la manifestación del arquetipo del Yo, que busca la unidad y la integración de aspectos opuestos y complementarios.

Esta intersección entre la figura de Jesucristo y el arquetipo del Yo arroja luz sobre la profundidad de la influencia de los arquetipos en la cultura y la psicología humanas, así como en cómo estos símbolos universales pueden ser interpretados y comprendidos desde una perspectiva junguiana.

Carl Jung consideraba a Jesucristo como una encarnación primordial del arquetipo del Yo. Varios aspectos de la figura de Cristo se alinean con este arquetipo de manera notoria.

Cristo es visto como el centro de numerosos pasajes en las escrituras cristianas, de manera similar a cómo Jung concebía al Yo como el epicentro de la personalidad individual. Además, como el Yo se relaciona con la reconciliación de opuestos, como lo representa el símbolo del yin-yang, Jesús también es identificado en este contexto, simbolizando la unión de dimensiones divinas y humanas en su figura.

El Ánima

El concepto de Anima/Animus, propuesto por el renombrado psicólogo Carl Jung en la década de 1920, se refiere a un elemento fundamental en la psicología de género y arquetipos. Anima, una palabra de origen latino, originalmente aludía a conceptos como el aliento o el alma.

Jung, sin embargo, lo redefinió para describir los rasgos femeninos inconscientes presentes en los hombres, representando una parte esencial de su psique interna. Estos rasgos, a menudo asociados con sensibilidad y empatía, tienden a ser reprimidos o menospreciados en las sociedades modernas.

Jung identificó cuatro etapas en el desarrollo del ánima:

1. Eva, inspirada en la figura bíblica, simboliza la mujer como fuente de cuidado, afecto y seguridad. Aquí, la mujer se percibe indistinta de la madre, y el hombre depende profundamente de ella, lo que lo hace susceptible a su influencia.

2. Helena, basada en la Helena de Troya de la mitología griega, representa a la mujer como independiente e inteligente, capaz de logros significativos, aunque no necesariamente virtuosa o creativa. En esta fase, la mujer es una idealización de la sexualidad femenina.

3. María, que toma su nombre de la Virgen María, pone énfasis en la virtud femenina, viendo a la mujer como incapaz de comportamientos no virtuosos.

4. Sophia, que significa 'sabiduría' en griego, simboliza la integración y el equilibrio, donde la mujer posee tanto cualidades positivas como negativas y representa la sabiduría.

El ánima no solo influye en cómo los hombres perciben a las mujeres, sino que también desempeña un papel crucial en la formación de relaciones, la expresión de la creatividad y la conexión con la naturaleza y las emociones. A través de los sueños, se manifiesta en formas que pueden ser guías espirituales o figuras seductoras, influyendo significativamente en las actitudes y relaciones interpersonales de los hombres.

Jung argumentó que negar estos aspectos femeninos dentro de sí mismos puede llevar a los hombres a una distorsión y agitación del Anima, mientras que su aceptación y comprensión pueden enriquecer su vida emocional y creativa.

La Sombra

El concepto de la Sombra, planteado por Carl Jung, refleja el lado oscuro y desconocido de nuestra personalidad. Representa aquellas partes de nosotros mismos que rechazamos o ignoramos, como deseos egoístas, impulsos inmorales y tendencias destructivas. Estos elementos, a menudo sumergidos en lo más profundo de nuestra psique, se manifiestan a través de sueños y visiones, revelando aspectos de nuestra naturaleza que usualmente nos negamos a aceptar.

Podríamos señalar como rasgos específicos de la Sombra:

1. Naturaleza Desconocida y Oscura: La Sombra simboliza aquellos aspectos de la personalidad que son desconocidos y oscuros para el individuo. Incluye aquellos pensamientos, sentimientos y deseos que son inconscientes y a menudo en desacuerdo con la imagen consciente que tenemos de nosotros mismos.

2. Tendencias Egoístas y Represiones: Este arquetipo encarna nuestras tendencias más egoístas y reprimidas. Abarca deseos y pensamientos que, por diversas razones, hemos decidido ocultar o reprimir, tanto de nosotros mismos como de los demás.

3. Impulsos y Defectos: La Sombra también se compone de impulsos y defectos personales, así como de emociones negativas como la envidia o el odio, que preferimos no reconocer en nosotros.

4. Sexualidad y Criminalidad: Con frecuencia, la Sombra se asocia con aspectos de la sexualidad que han sido reprimidos, así como con inclinaciones hacia comportamientos socialmente inaceptables o criminales.

5. Manifestaciones en Sueños y Visiones: El arquetipo de la Sombra puede manifestarse en sueños y visiones, ofreciendo una ventana a esos aspectos reprimidos o ignorados de nuestra personalidad.

6. Formas Simbólicas: En ocasiones, la Sombra aparece en formas simbólicas, como animales o monstruos en nuestros sueños, representando los aspectos más primarios y salvajes de nuestra naturaleza.

7. Conexión con lo Salvaje y lo Místico: La Sombra a menudo se asocia con lo salvaje, lo caótico y lo místico, representando la parte de nuestra psique que está conectada con lo primordial y lo ancestral.

Estos rasgos del arquetipo de la Sombra reflejan la complejidad de nuestra psique y la lucha constante para integrar y entender estas partes ocultas de nosotros mismos. La exploración y aceptación de la Sombra son fundamentales para alcanzar un autoconocimiento más profundo y una mayor integridad psicológica.

La Sombra no solo encarna nuestras deficiencias y deseos reprimidos, sino que también puede estar ligada a la sexualidad oculta y tendencias criminales. Esta parte de nuestra psique, que frecuentemente negamos, se asocia con lo caótico, lo místico y lo desconocido, y puede aparecer en formas tanto humanas como animales, simbolizadas por serpientes, dragones y otras figuras temibles.

En la literatura, el arquetipo de la Sombra se ha explorado de manera fascinante. Un ejemplo clásico es "El extraño caso del Dr. Jekyll y el Sr. Hyde" de Robert Louis Stevenson. Aquí, el Dr. Jekyll, un hombre respetado, explora su lado más oscuro a través de su alter ego, Mr. Hyde, quien se desentiende de la moral y las consecuencias de sus actos. Este dualismo ilustra la lucha interna entre el bien y el mal, y cómo el lado oscuro puede eventualmente dominar.

En la cultura popular contemporánea, un ejemplo notable es Walter White de "Breaking Bad". Inicialmente presentado como un hombre de familia ordinario, su transformación en Heisenberg representa la emergencia y eventual dominación de su Sombra, llevándolo a cometer actos extremos para alcanzar sus objetivos. Estas representaciones artísticas nos ofrecen una profunda comprensión de la complejidad de la naturaleza humana y la dualidad inherente en todos nosotros.

Los Doce Arquetipos De Personalidad

Un arquetipo, en su forma más sencilla, representa un patrón o modelo único. Se le reconoce ampliamente como una colección de memorias o pensamientos compartidos por la humanidad. Carl Jung, un psicólogo ampliamente reconocido, se embarcó en la misión de comprender la psicología humana.

Como resultado de sus investigaciones, identificó doce arquetipos de personalidad que se encuentran en numerosas culturas y épocas diferentes. Jung creía que estos doce arquetipos residían en nuestra conciencia colectiva y eran, en última instancia, una parte compartida por todos nosotros.

Estos arquetipos nos brindan la capacidad de comprender relatos de todo el mundo. Constituyen los elementos comunes que nos conectan a todos como seres humanos. La comprensión de estos doce arquetipos también nos ayuda a desarrollar personajes más enriquecedores para nuestras historias literarias.

El Inocente

El Inocente se maravilla ante la vastedad y belleza del universo, abordando la vida con una pureza y admiración sin igual. Su mayor aspiración es encontrar la alegría y la satisfacción, manteniéndose alejado de todo lo que pueda causarle dolor o perjuicio. En el corazón de este arquetipo yace un optimismo incansable y la esperanza de una vida utópica, donde todos puedan vivir en armonía y felicidad. Un ejemplo emblemático del Inocente es Pippin de "El Señor de los Anillos", quien personifica estas cualidades a la perfección.

Los puntos fuertes del Inocente incluyen su creatividad desbordante, una pureza que ilumina su entorno y un optimismo que parece inagotable. No obstante, estas mismas cualidades pueden convertirse en debilidades, ya que su vulnerabilidad, ingenuidad y carencia de poder físico a menudo lo dejan expuesto a situaciones difíciles o peligrosas.

El deseo más profundo del Inocente es hallar la felicidad o descubrir la verdad última del universo. Esta búsqueda constante de un ideal elevado le impulsa en su camino, aunque a menudo se enfrenta a la realidad de un mundo que puede ser menos idílico de lo que él imagina. Su visión pura y esperanzada lo lleva a ver lo mejor en las personas y situaciones, pero también lo hace susceptible a la decepción cuando se enfrenta a la dura realidad. Su anhelo no se limita a su propia felicidad, sino que se extiende a un deseo genuino de contribuir a un mundo más justo y verdadero para todos.

El Huérfano

El huérfano (también conocido como "El Hombre Corriente"), un arquetipo que refleja la creencia en la igualdad y la importancia de la solidaridad. Este personaje busca integrarse con los demás, temiendo sobresalir o ser diferente. Es alguien que podría considerarse un ciudadano promedio, que con frecuencia se ve envuelto en situaciones complicadas. Ante estos desafíos, su enfoque no es tanto el heroísmo, sino la supervivencia, buscando soluciones prácticas y realistas para seguir adelante.

Sus puntos fuertes radican en su capacidad de empatía hacia los demás, un agudo sentido de supervivencia que le ayuda a enfrentar los desafíos cotidianos, y una fuerte creencia en su rol único y significativo en el mundo. Sin embargo, estas mismas cualidades pueden convertirse en debilidades. Sus inseguridades personales y su constante deseo de agradar y ser aceptado por los demás pueden llevarlo a situaciones de vulnerabilidad y dependencia emocional.

El deseo más profundo del Huérfano es establecer una conexión genuina con los demás, ser aceptado tal y como es y sentirse comprendido. Esta búsqueda de aceptación y comprensión es lo que lo impulsa en su vida cotidiana. A menudo se encuentra en la encrucijada entre el deseo de mantener su individualidad y la necesidad de pertenecer a un grupo. Su anhelo no es solo ser parte de algo más grande, sino también encontrar un sentido de propósito y contribución dentro de su comunidad o círculo social.

Un ejemplo destacado de una película que encarna el arquetipo del "Hombre Corriente" y además Huérfano, es "Forrest Gump", protagonizada por Tom Hanks. Forrest Gump es un personaje que personifica a la perfección la esencia de este arquetipo. A pesar de sus limitaciones intelectuales y físicas, Forrest vive una vida extraordinaria, inmerso en eventos históricos significativos de los Estados Unidos durante la segunda mitad del siglo XX.

Lo que hace a Forrest un claro ejemplo de este arquetipo es su enfoque en la vida: él busca simplemente vivir, amar y ser parte de la comunidad que lo rodea, sin aspiraciones de grandeza o reconocimiento. Forrest Gump, a pesar de encontrarse en circunstancias extraordinarias, responde a ellas con una sencillez y una sinceridad que son características del Huérfano. No busca cambiar el mundo, pero su influencia en las personas y eventos que lo rodean es significativa debido a su bondad innata y su capacidad para permanecer fiel a sí mismo.

Otro ejemplo notable de película que refleja el arquetipo de este "Hombre Corriente" es "La Vida es Bella" ("Life is Beautiful"), dirigida y protagonizada por Roberto Benigni. En esta película, el personaje principal, Guido, es un hombre judío ordinario que utiliza su ingenio y amor por la vida para proteger a su hijo de los horrores del Holocausto.

Guido representa a este arquetipo a través de su naturaleza ordinaria y su vida cotidiana antes de la guerra. A pesar de las circunstancias extraordinariamente difíciles y trágicas en las que se encuentra, su enfoque se centra en sobrevivir y en mantener la inocencia de su hijo frente a la brutal realidad de su entorno. Guido no es un héroe en el sentido tradicional, pero su empatía, amor, y determinación por crear un sentido de normalidad y felicidad para su hijo en medio de la adversidad lo convierten en un ejemplo conmovedor de este arquetipo. Su deseo de proteger a su familia y su habilidad para encontrar belleza y humor incluso en los momentos más oscuros resaltan la esencia del Huérfano u Hombre Corriente, que busca la conexión, la aceptación y la comprensión, incluso en los tiempos más difíciles.

El Cuidador

El arquetipo del Cuidador se caracteriza por una gran compasión y empatía hacia los demás. Estas personas suelen ser extremadamente generosas y desinteresadas, siempre dispuestas a ofrecer su ayuda sin esperar nada a cambio. Sin embargo, esta bondad puede ser una espada de doble filo, ya que hay quienes podrían intentar sacar ventaja de su naturaleza altruista. Por ello, es crucial que el Cuidador aprenda a priorizar su propio bienestar y a establecer límites saludables, sabiendo cuándo es necesario decir "no" a las demandas ajenas.

Hagrid, de la saga "Harry Potter", y Obi-Wan Kenobi, de "Star Wars", son ejemplos emblemáticos del arquetipo del Cuidador, cada uno de ellos ilustrando características distintivas de esta categoría.

Hagrid, el guardián de las llaves y terrenos de Hogwarts, es un personaje que encarna a la perfección la naturaleza bondadosa y protectora del Cuidador. A lo largo de la serie "Harry Potter", se le ve constantemente brindando apoyo y cuidado a Harry y sus amigos. Su tendencia a recoger y cuidar de criaturas mágicas, a menudo peligrosas o incomprendidas, refleja su inmenso corazón y su deseo de cuidar de todos los seres vivos. Hagrid siempre está dispuesto a ofrecer su ayuda, a veces incluso al costo de su propio bienestar, lo que demuestra su altruismo y su falta de egoísmo. Su relación con los protagonistas va más allá de un simple vínculo; se preocupa profundamente por ellos, proporcionándoles guía y protección en sus aventuras.

Obi-Wan Kenobi, por otro lado, es el mentor y protector de Luke Skywalker en "Star Wars". Desde el inicio, Obi-Wan asume un papel de guía y maestro para Luke, introduciéndolo al mundo de los Jedi y a la Fuerza. Su compromiso con la seguridad y el crecimiento de Luke es palpable en toda la saga. Incluso después de su muerte, Obi-Wan continúa asesorando a Luke, demostrando que su cuidado y protección trascienden incluso la barrera de la vida y la muerte. Este nivel de dedicación y sacrificio es un claro indicativo de su rol como Cuidador. Además, Obi-Wan muestra una gran empatía y sabiduría, buscando siempre el bien mayor, lo que le permite guiar a Luke en su camino hacia convertirse en un héroe.

Ambos personajes, Hagrid y Obi-Wan, representan el arquetipo del Cuidador no solo por su inquebrantable compromiso con los héroes de sus respectivas historias, sino también por su capacidad para sacrificar sus propios deseos y necesidades en favor del bienestar y el crecimiento de aquellos a quienes cuidan. Su influencia es fundamental en el desarrollo y éxito de los protagonistas, y su legado va más allá de sus roles en las películas, sirviendo como ejemplos intemporales de amor incondicional y sacrificio desinteresado.

Sin embargo, las debilidades del Cuidador también son notables. Su falta de experiencia en ciertas situaciones puede llevarlos a cometer errores bienintencionados. Además, su tendencia a poner a los demás primero los hace susceptibles a ser explotados por aquellos que no valoran su generosidad. Esto puede llevar a un desgaste emocional y físico, y a veces a la pérdida de su propia identidad al priorizar constantemente las necesidades de los demás sobre las suyas.

El deseo más profundo de un Cuidador es cuidar y proteger a los demás. Anhelan crear un entorno seguro y amoroso para quienes los rodean, y su mayor satisfacción proviene de ver a sus seres queridos felices y prósperos. Este deseo va más allá de la simple asistencia; es una vocación de vida que define su identidad y les da un propósito claro y significativo.

El Explorador

El Explorador se caracteriza por una insaciable sed de nuevas experiencias. Esta inquietud lo impulsa a recorrer otros países, sumergirse en distintas ideas y abrazar diversas creencias. A menudo, el compromiso con una carrera o una relación a largo plazo le resulta un desafío, a menos que estas le brinden la libertad de seguir explorando.

Indiana Jones y Peter Quill (Star-Lord) de Guardianes de la Galaxia son representantes icónicos del arquetipo del Explorador, como lo define Carl Jung, debido a sus características distintivas y sus respectivas aventuras en sus películas.

Indiana Jones, protagonista de la serie de películas "Indiana Jones", es un arqueólogo aventurero cuya vida gira en torno a la exploración y el descubrimiento. Su pasión por desenterrar artefactos antiguos y descifrar misterios históricos lo lleva a viajar por todo el mundo, enfrentándose a peligros y resolviendo enigmas. Este personaje muestra la fortaleza típica de un explorador: una curiosidad insaciable y la valentía para adentrarse en lo desconocido. Su resistencia a la monotonía y su constante búsqueda de nuevos desafíos lo convierten en un arquetipo puro del Explorador. En cada película, Indiana Jones se embarca en una nueva aventura, demostrando su capacidad para adaptarse a diferentes culturas y entornos, al tiempo que mantiene su independencia y su deseo de descubrir la verdad, sin importar el peligro que esto implique.

Por otro lado, Peter Quill, conocido como Star-Lord en las películas de "Guardianes de la Galaxia", lleva el arquetipo del Explorador a una escala cósmica. A diferencia de Indiana Jones, que explora los secretos de la Tierra, Star-Lord viaja a través del espacio, descubriendo nuevos planetas y civilizaciones. Su espíritu aventurero y su deseo de libertad son evidentes en su estilo de vida nómada en el cosmos y en su resistencia a estar atado a cualquier lugar o persona. A pesar de sus conflictos y desafíos, Star-Lord sigue impulsado por su curiosidad y su búsqueda de nuevas experiencias, lo cual lo alinea perfectamente con el arquetipo del Explorador. Su capacidad para navegar en situaciones desconocidas y a menudo peligrosas, su ingenio y su habilidad para adaptarse rápidamente a diferentes entornos y culturas extraterrestres destacan sus características de explorador.

Ambos personajes exhiben una profunda curiosidad, un deseo de aventura y un compromiso con la exploración y el descubrimiento, ya sea en la historia de la Tierra o en las vastas extensiones del cosmos. Sus películas no solo los muestran embarcándose en aventuras emocionantes, sino que también profundizan en su lucha interna entre el deseo de libertad y los desafíos de comprometerse con algo más grande que ellos mismos, reflejando las complejidades y contradicciones inherentes a este arquetipo.

Las fortalezas de un explorador radican en su lealtad a sus intereses y una curiosidad que no conoce límites. Sin embargo, su camino no está exento de obstáculos: a menudo se encuentran vagando sin un destino claro y muestran resistencia a comprometerse firmemente con algo. A pesar de estas dificultades, su mayor anhelo es experimentar todo lo que la vida tiene para ofrecer, ansiando absorber la riqueza del mundo en una sola existencia.

En el contexto de los arquetipos de Carl Jung, el Explorador simboliza la búsqueda de significado a través de la experiencia directa y la aventura. Esta figura arquetípica refleja un deseo profundo de libertad y descubrimiento, buscando siempre expandir sus horizontes. Los puntos fuertes del Explorador, como su lealtad a lo que genuinamente despierta su interés y su incansable curiosidad, lo impulsan a aventuras extraordinarias. Sin embargo, estas mismas características pueden convertirse en debilidades cuando derivan en un deambular sin propósito o una reticencia a asumir compromisos a largo plazo, lo que puede llevar a una sensación de insatisfacción o inestabilidad. El deseo fundamental del Explorador es vivir una vida plena y rica en experiencias, un anhelo de ver y comprender tanto como sea posible del mundo y de sí mismo en el transcurso de su vida.

El Rebelde

El arquetipo del rebelde se manifiesta en aquellos individuos que, al observar aspectos disfuncionales o injustos en el mundo, se sienten impulsados a provocar cambios. Esta figura arquetípica, definida por su rechazo a seguir el statu quo, prefiere abordar las situaciones con su propio enfoque y estilo, desafiando a menudo las convenciones y tradiciones establecidas en su búsqueda de reforma y justicia.

Personajes históricos y literarios como Beowulf y Robin Hood encarnan perfectamente este arquetipo. Beowulf, el héroe del poema épico del mismo nombre, desafía las normas y peligros de su tiempo, enfrentándose a monstruos y enemigos con una mezcla de valentía y astucia, representando la lucha contra fuerzas abrumadoras en su intento de proteger a su gente y establecer la justicia. Por otro lado, Robin Hood, el legendario forajido inglés, simboliza la lucha contra la opresión y la injusticia. Robando a los ricos para dar a los pobres, Robin Hood desafía la autoridad y las estructuras de poder corruptas, utilizando su ingenio y habilidades para redistribuir la riqueza y equilibrar la balanza de la justicia.

Los puntos fuertes de un rebelde, como la adaptabilidad, el ingenio y la capacidad de inspirar, son cruciales para su éxito. Estas habilidades les permiten navegar por situaciones desafiantes y superar obstáculos, a menudo con recursos limitados. Su adaptabilidad les ayuda a ajustarse rápidamente a nuevos entornos y desafíos, mientras que su ingenio les permite encontrar soluciones creativas a problemas complejos. Además, su capacidad para inspirar a otros es fundamental para reunir apoyo y fomentar un movimiento colectivo hacia el cambio.

Sin embargo, los rebeldes también enfrentan debilidades significativas, como la carencia de poder, posición y recursos. A menudo se encuentran en desventaja frente a las fuerzas establecidas y deben luchar contra enormes obstáculos para lograr sus objetivos. Esta falta de recursos puede limitar su capacidad de acción y a veces los pone en situaciones de riesgo.

El deseo principal de un rebelde es crear un mundo mejor, uno más justo y equitativo. Este anhelo profundo de justicia y equidad es lo que impulsa a los rebeldes a desafiar las normas y luchar contra las injusticias, buscando no solo cambios superficiales, sino una transformación fundamental de la sociedad. En el contexto de los arquetipos de Jung, el rebelde simboliza la lucha contra la opresión y la injusticia, reflejando un deseo universal de libertad, igualdad y justicia.

El Amante

El Amante, un arquetipo profundamente vinculado a la pasión y el afecto, se caracteriza por su búsqueda incansable de la intimidad y las conexiones profundas. Este arquetipo muestra una aversión notable a la soledad, a menudo dispuesto a hacer grandes sacrificios para evitarla. Para el Amante, las relaciones estables y el compromiso son piedras angulares de su existencia, prefiriendo fusionarse con su ser querido a costa de su propia individualidad antes que enfrentar la soledad.

El arquetipo del Amante, aunque a primera vista puede sugerir una asociación con relaciones románticas o sexualidad, en realidad abarca un espectro mucho más amplio de conexiones emocionales y formas de amor. Este arquetipo se centra en la capacidad de un individuo para establecer vínculos profundos, su pasión por las relaciones significativas y su deseo de intimidad emocional, no necesariamente en un contexto romántico o sexual.

Samwise Gamgee, el fiel compañero de Frodo Baggins, es un claro representante del arquetipo del Amante debido a su lealtad y dedicación inquebrantables. A lo largo de la trilogía, Sam muestra un compromiso profundo no solo hacia Frodo, sino hacia la misión de salvar la Tierra Media. Su amor y devoción se manifiestan en su disposición a enfrentar innumerables peligros y desafíos, desde las sombrías profundidades de las Minas de Moria hasta las llanuras desoladas de Mordor. Sam nunca abandona a Frodo, incluso cuando este se encuentra bajo la influencia corruptora del Anillo. Su amor es incondicioal y puro, no busca recompensas ni reconocimiento, sino que se motiva por el profundo vínculo que comparte con Frodo y su deseo de verlo a salvo.

Por otro lado, Rogue de "X-Men" presenta una dimensión diferente del arquetipo del Amante. Su habilidad de absorber los recuerdos y poderes de otros mediante el contacto físico la coloca en un dilema emocional constante. A pesar de su deseo de intimidad y conexión, su poder la obliga a mantenerse alejada físicamente de aquellos a quienes ama, por temor a herirlos. Esto refleja un aspecto crítico del Amante: el anhelo de cercanía y la lucha interna que surge cuando esta cercanía puede resultar perjudicial para ellos o para los demás. Rogue lucha por encontrar un equilibrio entre su necesidad de conexión y la realidad de su poder, lo que a menudo la lleva a sacrificios personales significativos. Su historia en las películas de "X-Men" resalta la complejidad emocional del Amante, mostrando cómo el deseo de amor y aceptación puede coexistir con el miedo y la renuncia.

Los puntos fuertes del Amante incluyen una devoción y abnegación excepcionales, así como un entusiasmo contagioso por la vida. Sin embargo, esta intensa devoción puede convertirse en una debilidad, ya que a menudo están dispuestos a sacrificar demasiado por su pareja, lo cual puede llevar a una pérdida de identidad personal. Su mayor deseo es vivir en perfecta armonía con su ser amado, anhelando una unión que trascienda lo superficial y alcance una conexión profunda y duradera. Esta búsqueda de armonía refleja no solo un anhelo de amor y aceptación sino también un profundo temor a la soledad y el abandono. En su afán por evitar la soledad, el Amante puede a veces descuidar sus propias necesidades y deseos, poniendo en primer lugar el bienestar y la felicidad de su pareja.

El Creador

El Creador, un arquetipo que se define por la urgencia y la pasión por inventar y dar vida a nuevas ideas, abarca una gama amplia de manifestaciones. Este tipo de personalidad no se limita únicamente a los artistas en el sentido tradicional, sino que también incluye a individuos innovadores en campos como los negocios, la ciencia, o la tecnología. Los Creadores se caracterizan por una inclinación a la soledad, a menudo inmersos en su mundo de creatividad, y están dispuestos a sacrificar aspectos importantes de su vida, como las relaciones personales e incluso su bienestar, en pos de alcanzar sus metas creativas.

El Dr. Emmet Brown de "Regreso al Futuro" y Tony Stark de "Iron Man" son ejemplos perfectos del arquetipo del Creador, cada uno a su manera destacando los rasgos definitorios de este arquetipo en sus respectivas películas.

El Dr. Emmet Brown, más conocido como "Doc", en "Regreso al Futuro", es la quintaesencia del científico-inventor excéntrico. Su creación más notable, la máquina del tiempo integrada en un automóvil DeLorean, es un testimonio de su imaginación sin límites y su habilidad para hacer realidad lo que muchos considerarían imposible. El carácter de Doc se define por su pasión por la ciencia y la innovación, su disposición a correr riesgos y su capacidad para pensar más allá de las convenciones y normas establecidas. En la película, se observa cómo su dedicación a la creación tiene prioridad sobre otros aspectos de su vida, reflejando la tendencia del Creador a sacrificar relaciones personales y comodidades en pos de su arte o invención.

Por otro lado, Tony Stark, alias Iron Man, es un industrial brillante y un ingeniero genial que transforma su vida y su legado a través de su creación: la armadura de Iron Man. Stark combina su ingenio técnico con una visión innovadora para diseñar y construir una armadura avanzada que le brinda habilidades sobrehumanas. Su viaje desde ser un fabricante de armas despreocupado hasta convertirse en un superhéroe dedicado a proteger al mundo refleja la evolución del Creador: el proceso de usar sus habilidades y recursos para hacer una diferencia positiva. Stark encarna tanto la creatividad desenfrenada como las complicaciones del arquetipo del Creador, enfrentando desafíos personales y éticos en su camino hacia la innovación.

Ambos personajes demuestran la característica central del Creador: la transformación de la realidad a través de la innovación y la invención. Ya sea viajando a través del tiempo o protegiendo el mundo con tecnología avanzada, Doc Brown y Tony Stark muestran cómo los Creadores utilizan su imaginación, iniciativa y habilidades para ir más allá de los límites establecidos y cambiar el mundo a su alrededor. Sus historias no solo son relatos de inventiva tecnológica, sino también de crecimiento personal y de cómo sus creaciones repercuten en ellos mismos y en la sociedad en general.

Los puntos fuertes del Creador incluyen una imaginación sin límites, una iniciativa incansable y una creatividad que rompe esquemas. Sin embargo, estas cualidades pueden llevar a debilidades significativas. La abnegación, el perfeccionismo y a veces un cierto grado de egoísmo pueden ser obstáculos en su camino, ya que su enfoque en la creación puede hacerles perder de vista otras necesidades y relaciones. Este sacrificio personal es a menudo un precio que están dispuestos a pagar para lograr su principal deseo: crear algo que no solo sea innovador y memorable, sino que también deje un legado duradero.

La intensidad con la que el Creador se dedica a sus proyectos refleja una profunda necesidad de expresión y realización personal. Su viaje creativo no es solo sobre la creación de algo nuevo; también es un camino hacia la autodescubrimiento y la autoexpresión. A través de su trabajo, los Creadores buscan dejar una huella en el mundo, aspirando a que sus creaciones perduren en el tiempo y tengan un impacto significativo en la sociedad.

El Bufón

El arquetipo del Bromista o Bufón, reconocible en muchas culturas y contextos, se caracteriza por su amor a la risa, las bromas y la alegría. Este arquetipo no solo busca entretener y hacer reír a los demás, sino que también utiliza el humor como una herramienta para cambiar perspectivas y desafiar las normas sociales. A través de la risa, el Bromista puede abordar temas serios y reflexionar sobre la condición humana, a menudo empleando el humor para disimular su propia melancolía o crítica social.

Un personaje icónico del cine que encarna perfectamente el arquetipo del Bromista o Bufón es Jack Sparrow de la serie de películas "Piratas del Caribe". Interpretado por Johnny Depp, el Capitán Jack Sparrow es un personaje que se destaca por su humor peculiar, su ingenio rápido y su tendencia a no tomarse demasiado en serio incluso en las situaciones más peligrosas o absurdas.

Jack Sparrow es el epítome del Bromista debido a su habilidad para inyectar humor en casi todas las situaciones. A pesar de ser un pirata y encontrarse a menudo en medio de situaciones de vida o muerte, utiliza su ingenio y su humor como herramientas para navegar a través de los desafíos. Su enfoque despreocupado y a menudo cómico de la vida contrasta fuertemente con los típicos héroes serios y decididos, lo que lo convierte en un personaje memorable y querido por el público.

Además, Jack Sparrow usa el humor no solo para entretener, sino también para manipular y desarmar a sus adversarios. A menudo se le ve utilizando chistes y comentarios sarcásticos para confundir a sus enemigos o para salir de situaciones complicadas. Este uso del humor como una herramienta táctica es una característica clave del Bromista.

Sin embargo, a pesar de su fachada alegre y desenfadada, Jack Sparrow también muestra momentos de profundidad y seriedad. Su personaje tiene capas que revelan una complejidad y una astucia que van más allá del simple bufón. Esta combinación de humor, inteligencia y una sutil profundidad emocional hace que Jack Sparrow sea un ejemplo claro del arquetipo del Bromista en la cultura popular.

Su impacto en la serie "Piratas del Caribe" demuestra cómo un personaje que aparentemente está allí para aligerar el estado de ánimo puede tener una influencia significativa en la trama y en la dinámica entre los personajes, destacando la importancia y el poder del humor incluso en los escenarios más inesperados.

Uno de los puntos fuertes más evidentes del Bromista es su sentido del humor agudo e ingenioso. Esta habilidad para encontrar lo cómico en casi cualquier situación les permite brindar alivio y felicidad a quienes los rodean. Su simpatía y alegría son contagiosas, y a menudo se convierten en el alma de cualquier reunión o grupo.

Sin embargo, el Bromista también puede tener sus debilidades. Su incoherencia y tendencia a no tomarse las cosas en serio pueden llevar a situaciones de falta de comprensión o irresponsabilidad. Además, su actitud a veces puede rayar en la estulticia, y su necesidad de atención y reconocimiento puede manifestarse en un comportamiento egocéntrico.

El deseo principal del bufón es llevar alegría y risa a los demás. Este deseo va más allá de la simple búsqueda de entretenimiento; es una forma de iluminar la vida de los demás, aliviar las cargas emocionales y ofrecer una perspectiva diferente de la realidad. A través de su humor y jovialidad, el Bromista busca crear un mundo más alegre y ligero, donde los problemas y las preocupaciones puedan ser, aunque sea por un momento, olvidados o vistos desde un ángulo menos sombrío.

Este arquetipo también destaca la importancia de la risa y el humor en la vida humana, recordándonos que incluso en los momentos más oscuros, encontrar un motivo para sonreír puede ser una poderosa forma de afrontar la realidad.

El Mentor o Sabio

El arquetipo del Mentor o Sabio es un pilar fundamental en muchas narrativas, caracterizado por su búsqueda del conocimiento y su deseo de compartir sabiduría. Este arquetipo valora profundamente las ideas y la comprensión, y suele desempeñar un papel crucial en guiar y enseñar a otros, especialmente a aquellos que se embarcan en un viaje de autodescubrimiento o aventura.

Ejemplos emblemáticos de este arquetipo en la literatura y el cine incluyen a Gandalf el Gris de "El Señor de los Anillos" y Yoda de "La Guerra de las Galaxias". Ambos personajes son representaciones clásicas del Sabio, brindando guía, conocimiento y apoyo a los héroes de sus respectivas historias.

Gandalf, con su profunda sabiduría y entendimiento de los eventos más allá del alcance de los demás personajes, es un mentor esencial para Frodo y los demás miembros de la Comunidad del Anillo. Su capacidad para ver el panorama general y comprender las complejidades del mundo lo convierte en un guía invaluable. Gandalf no solo aporta conocimientos mágicos y consejos, sino que también ofrece apoyo emocional y moral, ayudando a los personajes a superar sus miedos y dudas.

Yoda, por otro lado, es el mentor y maestro Jedi que guía a Luke Skywalker en "La Guerra de las Galaxias". Con su enfoque en la serenidad, la conexión con la Fuerza y la sabiduría profunda, Yoda es el epítome del Sabio. Su enseñanza va más allá de la mera transmisión de conocimientos; también imparte lecciones de vida, autocontrol y comprensión del complejo equilibrio entre el bien y el mal.

Las fortalezas del arquetipo del Sabio incluyen una experiencia vasta, una profunda sabiduría y una serenidad que les permite enfrentar situaciones difíciles con calma. Sin embargo, estas mismas fortalezas pueden convertirse en debilidades. Su cautela y sabiduría a veces pueden llevar a una falta de voluntad para actuar rápidamente, y su corazón endurecido por experiencias pasadas puede hacerles reticentes a involucrarse emocionalmente.

El deseo principal del Sabio es utilizar su perspicacia e inteligencia para entender el mundo y educar a otros. A través de su guía, buscan iluminar, inspirar y empoderar a aquellos a su alrededor, ayudándoles a alcanzar su pleno potencial y a comprender mejor el mundo en el que viven. La presencia de un Sabio en cualquier historia a menudo indica un viaje no solo de aventura, sino también de crecimiento personal y espiritual.

El Mago

El arquetipo del Mago, presente en diversas culturas y relatos, se distingue por su carisma y una profunda convicción en sus creencias e ideas. Este arquetipo representa a individuos que poseen una visión única del mundo y la habilidad de ver más allá de lo evidente, ofreciendo perspectivas y soluciones innovadoras que pueden ser transformadoras.

En la cultura popular, Merlín y Albus Dumbledore son ejemplos clásicos de este arquetipo. Ambos personajes son magos sabios y poderosos que guían a los protagonistas (el Rey Arturo en el caso de Merlín, y Harry Potter en el caso de Dumbledore) a través de sus respectivas aventuras, llenas de peligros y desafíos que requieren de astucia y valentía.

Merlín, en las leyendas artúricas, es conocido por su sabiduría y habilidades mágicas. Su rol como mentor de Arturo y su influencia en los eventos del reino de Camelot destacan su habilidad para usar su conocimiento y poder para guiar y proteger. Merlín no solo proporciona consejos y enseñanzas, sino que también interviene con su magia cuando es necesario, demostrando su visión y comprensión de los eventos más grandes que afectan al reino.

Por otro lado, Albus Dumbledore en la serie de Harry Potter es otro ejemplo del Mago. Como director de Hogwarts y mentor de Harry, Dumbledore es conocido por su extraordinaria sabiduría, su serenidad en tiempos de crisis y su capacidad para ver más allá de las apariencias. Su guía es crucial para Harry y sus amigos en su lucha contra las fuerzas oscuras, aportando no solo conocimientos mágicos, sino también lecciones vitales sobre el amor, la valentía y la importancia de las elecciones.

Los puntos fuertes del Mago incluyen la experiencia, la sabiduría y la serenidad, cualidades que les permiten manejar situaciones complejas con un enfoque tranquilo y reflexivo. Sin embargo, estas mismas fortalezas pueden llevar a debilidades como la excesiva cautela y una falta de voluntad para actuar rápidamente, quizás debido a un corazón endurecido por experiencias difíciles del pasado.

El deseo principal del Mago es emplear su perspicacia e inteligencia para comprender el mundo y ayudar a educar a los demás. A través de su guía y enseñanzas, buscan no solo compartir conocimiento, sino también inspirar a otros a ver el mundo desde perspectivas nuevas y más profundas, fomentando el crecimiento personal y espiritual.

El Gobernante

El arquetipo del Gobernante se manifiesta en personajes que poseen una innata predisposición al liderazgo y una marcada preferencia por ejercer control y autoridad. Estos individuos suelen tener una visión clara de lo que creen que funcionará mejor en una determinada situación y tienden a asumir que saben lo que es más beneficioso para un grupo o comunidad. A menudo se sienten frustrados o insatisfechos cuando otros no comparten o apoyan su visión.

En la cultura popular, personajes como Joffrey Baratheon de "Juego de Tronos" y el Gran Hermano de "1984" son ejemplos claros del arquetipo del Gobernante, aunque en formas distintas y con distintos grados de moralidad y eficacia.

Joffrey Baratheon, por ejemplo, representa una versión negativa y tiránica del Gobernante. Su deseo de poder y control es impulsado por un egoísmo y una crueldad inherentes, lo que lo lleva a tomar decisiones que son desastrosas tanto para él como para su reino. A pesar de su posición de poder, Joffrey carece de las cualidades necesarias para un liderazgo efectivo y moralmente responsable.

Por otro lado, el Gran Hermano en "1984" de George Orwell es un ejemplo de un Gobernante omnipresente y autoritario, que ejerce un control total sobre la sociedad. Representa un liderazgo basado en la vigilancia, la represión y la manipulación, encarnando los aspectos más oscuros y opresivos del arquetipo del Gobernante.

Las fortalezas del Gobernante incluyen el poder, el encanto y el liderazgo. Son capaces de tomar decisiones difíciles y a menudo tienen la habilidad de inspirar y movilizar a los demás. Sin embargo, estas fortalezas pueden verse ensombrecidas por debilidades significativas, como la tendencia a la cautela extrema, una falta de voluntad para actuar de manera decisiva en momentos cruciales, y un corazón que puede haberse endurecido debido a experiencias pasadas.

El Gobernante a menudo tiene un deseo subyacente de estabilidad y control, lo que puede llevar a una falta de voluntad para aceptar ayuda, así como a sentimientos de sospecha o paranoia, especialmente en relación con la posibilidad de ser depuesto o desafiado. Este arquetipo ilustra la complejidad del liderazgo y el poder, mostrando cómo estos pueden ser utilizados para el bien o para el mal, dependiendo de las intenciones y las características del individuo en cuestión.

La teoría de los arquetipos, especialmente en el contexto de los 12 arquetipos principales desarrollados por Carl Jung, ofrece una valiosa herramienta para el autoconocimiento y la comprensión interpersonal. Al identificar y entender el arquetipo o los arquetipos que más influyen en nuestra personalidad, podemos obtener una mayor claridad sobre nuestras motivaciones, deseos y comportamientos. Esta conciencia nos ayuda a capitalizar nuestras fortalezas y a trabajar en nuestras debilidades, guiándonos hacia un crecimiento personal más significativo y dirigido.

Por ejemplo, si alguien se identifica principalmente con el arquetipo del Creador, podría enfocarse en aprovechar su imaginación y creatividad natural, al mismo tiempo que trabaja en equilibrar su tendencia al perfeccionismo o la obsesión con su trabajo. De manera similar, una persona que se alinea con el arquetipo del Cuidador podría buscar formas de nutrir y apoyar a los demás, al tiempo que aprende a establecer límites saludables para no agotarse.

Además, comprender los arquetipos que influencian a los demás puede ser extremadamente útil en las relaciones interpersonales y profesionales. Permite prever cómo podrían reaccionar o comportarse las personas en diferentes situaciones, lo que puede mejorar la comunicación y la colaboración. Por ejemplo, saber que un colega se inclina hacia el arquetipo del Gobernante puede explicar su tendencia a tomar el control en proyectos de grupo y su deseo de liderar. Con esta comprensión, se pueden desarrollar estrategias para trabajar de manera más efectiva con esa persona, aprovechando sus fortalezas de liderazgo mientras se les ayuda a mitigar tendencias como la dominancia excesiva o la inflexibilidad.

Al final de este libro, tras los dos tests incluídos, encontrarás lecturas arquetípicas detalladas para cada personalidad. La exploración que hacemos aquí, es para que comprendas su actuar y puedas identificar las características de los demás, que los hace dejar ver un arquetipo dominante en particular.

Test 1: Descubre Tu Arquetipo

Instrucciones

Escoge la opción de cada pregunta que más resuene contigo. Suma tus puntos para descubrir tu arquetipo dominante a partir de la clave de respuestas proporcionada.

Ten presente que cada respuesta pueden sumar 1 o 0 puntos, pero no se trata de acumular la mayor cantidad de puntos. La puntuación solo sirve para ayudarte a ubicarte en los diferentes escalones a un arquetipo de personalidad predominante en ti.

1. Estás planeando unas vacaciones. Tú:

A) Investigas y planificas cada detalle. (0 puntos)

B) Sigues la corriente y ves qué pasa. (1 punto)

2. Cuando te enfrentas a un problema difícil, tú:

A) Buscas consejo y opiniones de los demás. (0 puntos)

B) Confías en tus propios instintos para encontrar una solución. (1 punto)

3. En una fiesta, normalmente:

A) Te quedas con gente que conoces. (0 puntos)

B) Te mezclas y conoces gente nueva. (1 punto)

4. En tu tiempo libre, Tú prefieres:

A) Dedicarte a un hobby creativo como pintar o escribir. (1 punto)

B) Relajarte y disfrutar de un rato de tranquilidad a solas. (0 puntos)

5. Cuando se trata de tu trabajo o tus estudios, tú:

A) Sigues los métodos probados. (0 puntos)

B) Experimentas con enfoques nuevos e innovadores. (1 punto)

6. En caso de un desacuerdo:

A) Defiendes tu postura y argumentas tu punto de vista. (1 punto)

B) Buscas un compromiso o punto medio y evitas el conflicto. (0 puntos)

7. El trabajo de tus sueños sería algo que:

A) Ofreciera seguridad y una trayectoria profesional clara. (0 puntos)

B) Te permitiera explorar y cambiar de funciones con frecuencia. (1 punto)

8. Cuando te enfrentas a retos nuevos en la vida, tú:

A) Te sientes seguro para superarlos por ti mismo. (1 punto)

B) Buscas con el apoyo y orientación de otras personas. (0 puntos)

9. Cuando estás aprendiendo algo nuevo:

A) Compartes lo que vas aprendiendo a medida que lo descubres. (0 puntos)

B) Guardas silencio durante el proceso mientras lo aprendes todo. (1 punto)

10. En un grupo, tiendes a ser:

A) El que propone ideas y planes. (1 punto)

B) El que apoya y ayuda a poner en práctica las ideas. (0 puntos)

11. Al tomar una decisión difícil, tú:

A) Analizas ampliamente los pros y los contras. (0 puntos)

B) Te dejas llevar por tus instintos. (1 punto)

12. Tu fin de semana ideal implica:

A) Una rutina o programa estructurado de actividades. (0 puntos)

B) Actividades espontáneas sin ningún plan. (1 punto)

13. Cuando se trata de tradiciones:

A) Las defiendes y las respetas. (0 puntos)

B) Las desafías y te las replanteas. (1 punto)

14. En una crisis, tu papel suele ser

A) El solucionador de problemas que ofrece soluciones prácticas. (0 puntos)

B) El motivador que inspira y anima a los demás. (1 punto)

15. Te atraen más:

A) Los trabajos con reglas y expectativas claras. (0 puntos)

B) Los puestos que permiten la creatividad y la improvisación. (1 punto)

16. En las relaciones, tiendes a:

A) Cuidar y nutrir a los demás. (1 punto)

B) Buscar la estabilidad y la armonía. (0 puntos)

17. Cuando aprendes algo nuevo, tu enfoque es:

A) Metódico y detallista. (0 puntos)

B) Intuitivo y basado en la visión de conjunto. (1 punto)

18. Con respecto al cambio, tú:

A) Te adaptas fácilmente y aceptas nuevas experiencias. (1 punto)

B) Prefieres la estabilidad y los cambios graduales. (0 puntos)

19. En las conversaciones, prefieres:

A) Las discusiones profundas y significativas. (1 punto)

B) Temas desenfadados y divertidos. (0 puntos)

20. Tus vacaciones ideales son:

A) Un viaje o crucero bien planificado. (0 puntos)

B) Un viaje de aventura con mochila. (1 punto)

21. Sueles sentirte realizado con:

A) Alcanzar metas y obtener su reconocimiento. (0 puntos)

B) El viaje y las experiencias a lo largo del camino. (1 punto)

22. Cuando te enfrentas a normas que te parecen injustas, tú:

A) Intentas trabajar dentro del sistema para cambiarlas. (0 puntos)

B) Te rebelas contra ellas y lo señalas abiertamente. (1 punto)

23. Cuando compras algo como un dispositivo o electrodoméstico nuevo:

A) Lees las instrucciones primero. (0 puntos)

B) Asumes cómo funciona y lees sus instrucciones después. (1 punto)

24. Ante un dilema moral, tú:

A) Te mantienes fiel a tus principios, aunque sea difícil. (1 punto)

B) Buscas un compromiso para evitar el conflicto. (0 puntos)

25. Tu enfoque de los problemas suele ser

A) Emocional y empático: Preguntas primero si alguien se ve afectado. (1 punto)

B) Lógico y analítico: Preguntas primero cómo paso lo que pasó (0 puntos)

26. Cuando se trata de aficiones, prefieres:

A) Actividades Introspectivas (leer, practicar un instrumento musical, pintar). (0 puntos)

B) Actividades Sociales (Practicar un deporte, cocinar para otros). (1 punto)

27. En tu proceso de toma de decisiones suele tener mucha importancia:

A) Los hechos y las pruebas. (0 puntos)

B) La intuición y los sentimientos. (1 punto)

28. En situaciones sociales incómodas, tú:

A) Observas primero antes de hacer cualquier cosa. (0 puntos)

B) Te metes de lleno en la acción sin importar qué puedan pensar de ti. (1 punto)

29. Consideras que eres más de:

A) Planificar pensando en el futuro. (0 puntos)

B) Ser espontáneo y tomar las cosas como vienen. (1 punto)

30. Cuando se te asigna un proyecto o tarea, tú:

A) Prefieres instrucciones y plazos claros. (0 puntos)

B) Te gusta tener libertad para explorar diferentes métodos. (1 punto)

31. En situaciones de estrés, tú:

A) Mantienes la calma y te esfuerzas por aportar rápidamente soluciones prácticas. (0 puntos)

B) Utilizas el humor o la creatividad para aligerar el ambiente. (1 punto)

32. En cuanto al crecimiento personal, te centras en:

A) Construir y mantener la estabilidad. (0 puntos)

B) Reinventarte y descubrirte con frecuencia. (1 punto)

33. Si alguien te insulta de la nada, tú:

A) Lo ignoras y sigues en lo tuyo (0 puntos)

B) Sueles responder de la misma manera o darle a entender a quien te insulta que se equivoca. (1 punto)

34. Eres de lo que al leer un libro o ver una película que no te gusta :

A) Sientes que, aun siendo aburrido, debes terminarlo . (0 puntos)

B) No te importa dejar a medias la historia así no te guste. (1 punto)

35. De pequeño, en clases, crees que te iba mejor en:

A) Matemáticas y/o Ciencias. (0 puntos)

B) Español y/o Filosofía. (1 punto)

36. Cuando se trata de tu vida personal, tú:

A) Tienes una rutina establecida y te gusta que sea así. (0 puntos)

B) Prefieres mantener las cosas abiertas y flexibles. (1 punto)

Analizando tus Respuestas

Suma la totalidad de puntos y encontrarás cual sería tu arquetipo predominante, según la siguiente clasificación:

0-3 Puntos: El Inocente

El optimismo y una actitud positiva te definen. Buscas la felicidad y la sencillez.

4-6 Puntos: El Huérfano (Hombre Corriente)

El realismo y el pragmatismo marcan tu enfoque de la vida. Buscas pertenencia y autenticidad.

7-9 Puntos: El Héroe

Valiente y fuerte, defiendes a los demás y luchas por la justicia.

10-12 Puntos: El Cuidador

La compasión y la generosidad son tus puntos fuertes. Eres cariñoso y protector.

13-15 Puntos: El Explorador

Aprecias la libertad y la aventura, siempre buscando nuevas experiencias.

16-18 Puntos: El Rebelde

Un reformador natural, crees en desafiar lo preestablecido como parte fundamental para cualquier cambio.

19-21 Puntos: El Amante

Las relaciones y la armonía son fundamentales en tu vida. Valoras la conexión y la intimidad.

22-24 Puntos: El Creador

La creatividad y la imaginación te impulsan. Aspiras a crear cosas de valor duradero.

25-27 Puntos: El Bufón

Aportas alegría y risas, a menudo utilizas el humor para influir y aligerar las situaciones.

28-30 Puntos: El Sabio

La sabiduría, la inteligencia y la curiosidad te impulsan. Buscas comprender y enseñar.

31-33 Puntos: El Mago

Carismático y visionario, ves el mundo de forma diferente y aportas ideas transformadoras.

34-36 Puntos: El Gobernante

El liderazgo y el control son importantes para ti. Buscas crear orden y éxito.

Elon Musk, Donald Trump y La Reina Isabel II leen este libro...

¿Cómo responderían grandes personalidades como Elon Musk, Donald Trump y la Reina Isabel II a este cuestionario? Para este ejercicio hipotético. Hemos usado una simulación de inteligencia artificial y lo hemos puesto a responder nuestro test de arquetipos y el resultado resulta sorprendente, pero más que lógico.

Para que puedas apreciarlo, a continuación te mostramos cómo contestaría hipotéticamente este test cada una de estas personalidades.

Reina Elizabeth II	Elon Musk	Donald Trump	Preguntas y Respuestas
\multicolumn{4}{l}{**1. Estás planeando unas vacaciones. Tú:**}
✓		✓	**A)** Investigas y planificas cada detalle. (0 puntos)
	✓		**B)** Sigues la corriente y ves qué pasa. (1 punto)
\multicolumn{4}{l}{**2. Cuando te enfrentas a un problema difícil, tú:**}

✓			✓	**A)** Buscas consejo y opiniones de los demás. (0 puntos)
		✓		**B)** Confías en tus propios instintos para encontrar una solución. (1 punto)

3. En una fiesta, normalmente:

✓			✓	**A)** Te quedas con gente que conoces. (0 puntos)
		✓		**B)** Te mezclas y conoces gente nueva. (1 punto)

4. En tu tiempo libre, Tú prefieres:

		✓		**A)** Dedicarte a un hobby creativo como pintar o escribir. (1 punto)
✓			✓	**B)** Relajarte y disfrutar de un rato de tranquilidad a solas. (0 puntos)

5. Cuando se trata de tu trabajo o tus estudios, tú:

✓			✓	**A)** Sigues los métodos probados. (0 puntos)
		✓		**B)** Experimentas con enfoques nuevos e innovadores. (1 punto)

6. En caso de un desacuerdo:

✓	✓	**A)** Defiendes tu postura y argumentas tu punto de vista. (1 punto)
✓		**B)** Buscas un compromiso o punto medio y evitas el conflicto. (0 puntos)

7. El trabajo de tus sueños sería algo que:

✓	✓	**A)** Ofreciera seguridad y una trayectoria profesional clara. (0 puntos)
	✓	**B)** Te permitiera explorar y cambiar de funciones con frecuencia. (1 punto)

8. Cuando te enfrentas a retos nuevos en la vida, tú:

✓	✓	**A)** Te sientes seguro para superarlos por ti mismo. (1 punto)
✓		**B)** Buscas con el apoyo y orientación de otras personas. (0 puntos)

9. Cuando estás aprendiendo algo nuevo:

✓	✓	**A)** Compartes lo que vas aprendiendo a medida que lo descubres. (0 puntos)

				B) Guardas silencio durante el proceso mientras lo aprendes todo. (1 punto)
	✓			

10. En un grupo, tiendes a ser:

		✓	✓	A) El que propone ideas y planes. (1 punto)
	✓			B) El que apoya y ayuda a poner en práctica las ideas. (0 puntos)

11. Al tomar una decisión difícil, tú:

	✓	✓	✓	A) Analizas ampliamente los pros y los contras. (0 puntos)
		✓		B) Te dejas llevar por tus instintos. (1 punto)

12. Tu fin de semana ideal implica:

	✓		✓	A) Una rutina o programa estructurado de actividades. (0 puntos)
		✓		B) Actividades espontáneas sin ningún plan. (1 punto)

13. Cuando se trata de tradiciones:

	✓		✓	A) Las defiendes y las respetas. (0 puntos)

				B) Las desafías y te las replanteas. (1 punto)

14. En una crisis, tu papel suele ser:

		✓		✓	**A)** El solucionador de problemas que ofrece soluciones prácticas. (0 puntos)
✓					**B)** El motivador que inspira y anima a los demás. (1 punto)

15. Te atraen más:

✓			✓	**A)** Los trabajos con reglas y expectativas claras. (0 puntos)
		✓		**B)** Los puestos que permiten la creatividad y la improvisación. (1 punto)

16. En las relaciones, tiendes a:

✓				**A)** Cuidar y nutrir a los demás. (1 punto)
		✓	✓	**B)** Buscar la estabilidad y la armonía. (0 puntos)

17. Cuando aprendes algo nuevo, tu enfoque es:

✓		✓	✓	**A)** Metódico y detallista. (0 puntos)

| | | | **B)** Intuitivo y basado en la visión de conjunto. (1 punto) |

18. Con respecto al cambio, tú:

			A) Te adaptas fácilmente y aceptas nuevas experiencias. (1 punto)
✓	✓	✓	**B)** Prefieres la estabilidad y los cambios graduales. (0 puntos)

19. En las conversaciones, prefieres:

	✓		**A)** Las discusiones profundas y significativas. (1 punto)
✓		✓	**B)** Temas desenfadados y divertidos. (0 puntos)

20. Tus vacaciones ideales son:

✓	✓	✓	**A)** Un viaje o crucero bien planificado. (0 puntos)
			B) Un viaje de aventura con mochila. (1 punto)

21. Sueles sentirte realizado con:

| ✓ | | ✓ | **A)** Alcanzar metas y obtener su reconocimiento. (0 puntos) |

	✓		**B)** El viaje y las experiencias a lo largo del camino. (1 punto)

22. Cuando te enfrentas a normas que te parecen injustas, tú:

✓		✓	**A)** Intentas trabajar dentro del sistema para cambiarlas. (0 puntos)
	✓		**B)** Te rebelas contra ellas y lo señalas abiertamente. (1 punto)

23. Cuando compras algo como un dispositivo o electrodoméstico nuevo:

✓		✓	**A)** Lees las instrucciones primero. (0 puntos)
	✓		**B)** Asumes cómo funciona y lees sus instrucciones después. (1 punto)

24. Ante un dilema moral, tú:

	✓	✓	**A)** Te mantienes fiel a tus principios, aunque sea difícil. (1 punto)
✓			**B)** Buscas un compromiso para evitar el conflicto. (0 puntos)

25. Tu enfoque de los problemas suele ser:

	✓			**A)** Emocional y empático: Preguntas primero si alguien se ve afectado. (1 punto)
✓		✓		**B)** Lógico y analítico: Preguntas primero cómo pasó lo que pasó. (0 puntos)

26. Cuando se trata de aficiones, prefieres:

✓		✓		**A)** Actividades introspectivas (leer, practicar un instrumento musical, pintar). (0 puntos)
		✓		**B)** Actividades sociales (practicar un deporte en grupo, cocinar para otros). (1 punto)

27. En tu proceso de toma de decisiones suele tener mucha importancia:

✓		✓		**A)** Los hechos y las pruebas. (0 puntos)
		✓		**B)** La intuición y los sentimientos. (1 punto)

28. En situaciones sociales incómodas, tú:

✓		✓		**A)** Observas primero antes de hacer cualquier cosa. (0 puntos)

	✓	**B)** Te metes de lleno en la acción sin importar qué puedan pensar de ti. (1 punto)

29. Consideras que eres más de:

✓	✓	**A)** Planificar pensando en el futuro. (0 puntos)
	✓	**B)** Ser espontáneo y tomar las cosas como vienen. (1 punto)

30. Cuando se te asigna un proyecto o tarea, tú:

✓	✓	**A)** Prefieres instrucciones y plazos claros. (0 puntos)
	✓	**B)** Te gusta tener libertad para explorar diferentes métodos. (1 punto)

31. En situaciones de estrés, tú:

✓	✓	**A)** Mantienes la calma y te esfuerzas por aportar rápidamente soluciones prácticas. (0 puntos)
	✓	**B)** Utilizas el humor o la creatividad para aligerar el ambiente. (1 punto)

32. En cuanto al crecimiento personal, te centras en:

✓		✓	**A)** Construir y mantener la estabilidad. (0 puntos)
	✓		**B)** Reinventarte y descubrirte con frecuencia. (1 punto)

33. Si alguien te insulta de la nada, tú:

✓	✓	✓	**A)** Lo ignoras y sigues en lo tuyo. (0 puntos)
			B) Sueles responder de la misma manera o darle a entender a quién te insulta que se equivoca. (1 punto)

34. Eres de los que al leer un libro o ver una película que no te gusta:

✓	✓	✓	**A)** Sientes que, aun siendo aburrido, debes terminarlo. (0 puntos)
			B) No te importa dejar a medias la historia así no te guste. (1 punto)

5. De pequeño, en clases, crees que te iba mejor en:

✓	✓	✓	**A)** Matemáticas y/o Ciencias. (0 puntos)

			B) Español y/o Filosofía. (1 punto)

36. Cuando se trata de tu vida personal, tú:			
✓		✓	**A)** Tienes una rutina establecida y te gusta que sea así. (0 puntos)
	✓		**B)** Prefieres mantener las cosas abiertas y flexibles. (1 punto)

Reina Isabel II: 2 Puntos

¿Cómo clasificaríamos a la Reina Isabel según los arquetipos que hemos comprobado? Es probable que la mayoría de la gente la clasifique como el Arquetipo del Gobernador. Sin embargo, quizás te sorprenda comprobar por ti mismo cómo su arquetipo podría ajustarse más a un tipo de personalidad bastante "Inocente".

Con 2 puntos, la Reina Isabel II en este test hipotético, clasificaría muy ben bajo el Arquetipo de El Inocente. Debes tener en cuenta que ningún arquetipo es malo en sí, luego, no es que la Reina Elizabeth II sea ingenua, sino que a nivel personal podría ser una persona que ante tantas complicaciones en la vida, disfrutar de las cosas sencillas y tener espacio a solas son situaciones que apreciaría bastante. Además, de ser una persona que busca encontrar puntos en común en medio de discusiones y ser un buen negociador con el fin de encontrar el mayor bien para todos.

Elon Musk: 28 Puntos

Probablemente muchos de nosotros consideremos a Elon Musk como un Tony Stark moderno, por lo que se podría encajar en el arquetipo del CREADOR. Pero, en realidad, su visión podría ser aún más amplia; y esto, podría denotarlo este mismo test, pues con 9 puntos, Elon Musk sería mejor clasificado como "El Sabio" según este cuestionario. El arquetipo del Sabio se caracteriza por la sabiduría, la inteligencia y la curiosidad que le impulsan. Siendo alguien que buscas comprender y enseñar. Esto encaja con la imagen pública de Elon Musk como innovador y líder en campos como la tecnología y la exploración espacial, donde a menudo desafía el statu quo y supera los límites.

Donald Trump: 4 puntos

Esta es otra situación interesante. Basándonos en su imagen pública y las características que ha mostrado durante su mandato como Presidente de los Estados Unidos y como magnate de los negocios, Donald Trump podría estar estrechamente relacionado con el arquetipo del "Gobernante". Este arquetipo suele asociarse con el liderazgo, el control, la autoridad y el deseo de crear orden y éxito. Sin embargo, este puntaje, demostraría que su arquetipo predominante suele estar más del lado de EL HUERFANO en el sentido de buscar reconocimiento y la necesidad de aprobación por parte de los demás.

Test 2: Una Aventura Arquetípica a lo "Marvel"

¿Estás listo para comenzar un viaje de autodescubrimiento al estilo Marvel? Bienvenido a "La Aventura Arquetípica de Marvel", una experiencia independiente en la que el mundo de estos fantásticos personajes te ayudará a descubrir aspectos ocultos de tu personalidad, tus amistades, tus inspiraciones e incluso los tipos de personajes con los que quizás no congenies naturalmente. Sumérgete en un universo donde tus elecciones reflejan más que solo tu preferencia por capas y superpoderes.

Ten en cuenta que este cuestionario está inspirado en los diversos personajes del universo Marvel, pero no está respaldado ni afiliado a Marvel o Disney. Los personajes de Marvel se utilizan como referencias arquetípicas en este test, diseñado para un público moderno y joven que busca explorar y comprender aspectos de la personalidad y el comportamiento humano de manera divertida, todo a través de la lente de personajes queridos y conocidos.

Instrucciones

1. Lee cuidadosamente cada pregunta: Hemos creado cinco escenarios únicos para que te sumerjas en el Universo Marvel.

2. Para cada pregunta, elige el personaje de Marvel con el que más te identifiques. Hemos sugerido algunas

opciones, pero siéntete libre de seleccionar cualquier personaje de los 12 arquetipos mencionados anteriormente.

3. No hay respuestas correctas ni incorrectas: Se trata de tus preferencias personales. ¡Confía en tu instinto!

4. Recuerda que es un viaje de exploración, no un examen con calificación. Disfruta del proceso.

5. Opción de elección libre: ¡No te sientas limitado por las opciones proporcionadas! Si crees que otro personaje de Marvel de nuestra lista de 12 arquetipos se adapta mejor a tu respuesta, ¡adelante!

Recordatorio: Esta aventura busca descubrir aspectos de tu personalidad de manera entretenida. Las interpretaciones son para el entretenimiento y la autorreflexión. Así que ponte tu metafórica capa de superhéroe y descubramos con qué arquetipos del Universo Marvel te identificas.

¿Listo para descubrir el "Marvel" que llevas dentro? ¡Comencemos!

ARQUETIPOS: GUÍA PRÁCTICA

1. ¿Con cuál de estos personajes de Marvel trabajarías en un proyecto en equipo?

- Steve Rogers (Capitán América)

- Tony Stark (Iron Man)

- Natasha Romanoff (Viuda Negra)

2. ¿Con quién te embarcarías en una emocionante aventura?

- Thor

- Peter Quill (Star-Lord)

- Stephen Strange (Doctor Strange)

3. ¿A quién le confiarías tu secreto más profundo?

- Gamora

- Peter Parker (Spider-Man)

- Wanda Maximoff (Bruja Escarlata)

4. Si estuvieras dirigiendo una obra de teatro, ¿quién sería tu protagonista?

- Bruja Escalata

- Loki

- Thanos

5. Si tuvieras que participar en un debate durante una hora, ¿con quién te gustaría debatir?

- Matt Murdock (Daredevil)

- Tony Stark (Iron Man)

- Loki

6. Si estuvieras iniciando un negocio, ¿a quién elegirías como asesor?

- Tony Stark (Iron Man)

- Stephen Strange (Doctor Strange)

- Gamora

7. Imagina que te aventuras en una expedición por la naturaleza, ¿a quién preferirías como guía?

- Steve Rogers (Capitán América)

- Thor

- Natasha Romanoff (Viuda Negra)

8. ¿A quién le encargarías la organización de una fiesta sorpresa para tu mejor amigo?

- Peter Quill (Star-Lord)

- Peter Parker (Spider-Man)

- Loki

9. En un momento de duda, ¿A quién le pedirías consejo?

- Matt Murdock (Daredevil)

- Wanda Maximoff (Bruja Escarlata)

- Stephen Strange (Doctor Strange)

10. Si tuvieras que elegir a alguien con quien competir en una partida amistosa pero desafiante, ¿quién sería?

- Thanos

- Loki

- Tony Stark (Iron Man)

Significado de las Respuestas

1. Colaborador del proyecto de equipo: Esta elección refleja las cualidades que valoras en un colaborador o socio.

- El Capitán América sugiere que valoras la integridad y el liderazgo (El Héroe).

- Iron Man indica una preferencia por la creatividad y la innovación (El Creador).

- La Viuda Negra refleja el deseo de alguien adaptable y profundamente comprensivo (El Amante).

2. Compañero de aventuras: Tu elección aquí simboliza el tipo de energía y experiencia que buscas en la vida.

- Thor implica un deseo de experiencias grandes y emocionantes (El Explorador).

- Star-Lord sugiere una preferencia por el humor y las aventuras desenfadadas (El Bufón).

- Doctor Strange indica una inclinación hacia la exploración intelectual y mística (El Sabio).

3. Confidente de secretos: Esto refleja en quién confiarías y el tipo de apoyo que buscas.

- Gamora muestra la necesidad de una figura comprensiva y cariñosa (El Cuidador).

- Spiderman indica confianza en alguien inocente y cercano (El Inocente).

- Bruja Escarlata sugiere comodidad al compartir con alguien que entiende la transformación profunda (El Mago).

4. Liderar una obra: Tu elección aquí podría indicar el tipo de liderazgo o influencia que admiras.

- Bruja Escarlata: El Mago. Alguien creativo, que aporte cosas nuevas y diferentes, aunque pueden ser algo alocadas,

- Loki indica una afinidad por el liderazgo rebelde e impulsor del cambio (El Rebelde).

- Thanos podría sugerir un aprecio por la determinación absoluta e inquebrantable (también El Gobernante, pero con un enfoque diferente).

5. Compañero de debate: Esta elección indica el tipo de desafío intelectual o discurso que encuentras estimulante.

- Daredevil sugiere una preferencia por las perspectivas pragmáticas y realistas (El Huérfano).

- Iron Man apunta de nuevo a un amor por los debates creativos e innovadores (El Creador).

- Loki muestra interés por desafiar el statu quo y las ideas revolucionarias (El Rebelde).

6. Elección de consejero de negocios. A quien le confiarías tu dinero o tu futuro.

- Tony Stark (Iron Man): Si eliges a Tony Stark, valoras la creatividad y una mentalidad previsora en los negocios. Es probable que te inclines hacia soluciones innovadoras y tecnología de vanguardia (El Creador).

- Stephen Strange (Doctor Strange): Si optas por el Doctor Strange, prefieres la sabiduría perspicaz y poco convencional. Es posible que aprecies un enfoque estratégico que considere varias posibilidades (El Sabio).

- Thanos: Elegir a Thanos implica que respetas un liderazgo fuerte y una visión clara e inquebrantable. Es posible que te inclines por objetivos decisivos y ambiciosos, aunque sean difíciles (El Gobernante).

7: Guía de expediciones por tierras salvajes. Con quién te sientes seguro.

- Steve Rogers (Capitán América): Si eliges al Capitán América, valoras el liderazgo, la fiabilidad y la integridad moral en situaciones desafiantes (El Héroe).

- Thor: Si optas por Thor, tienes una preferencia por la fuerza, la resistencia y el sentido de la aventura. Puede que te guste enfrentarte a los retos con un enfoque audaz y enérgico (El Explorador).

- Natasha Romanoff (Viuda Negra): Si eliges a Viuda Negra, tienes una preferencia por el ingenio, la adaptabilidad y la planificación estratégica (El Amante).

8. Organizador de una fiesta sorpresa. Personas con las que disfrutas pasar tus ratos libres.

- Peter Quill (Star-Lord): Si optas por Star-Lord, te gusta la diversión, la emoción y un toque de imprevisibilidad en los eventos sociales (El Bufón).

- Peter Parker (Spider-Man): Si eliges a Spider-Man, prefieres un enfoque sincero y tradicional a la hora de celebrar, centrándote en lo que es sentido y genuino (El Inocente).

- Loki: Si te inclinas por Loki, disfrutas de lo inesperado y posiblemente de sorpresas ingeniosas, con un toque travieso (El Rebelde).

9: Fuente de consejo en momentos de duda. Representa a tus figura paternas

- Matt Murdock (Daredevil): Si eliges a Daredevil, valoras los consejos realistas y fundamentados de alguien que entiende la lucha y la perseverancia (El Huérfano).

- Wanda Maximoff (Bruja Escarlata): Optar por Bruja Escarlata implica una preferencia por los consejos que tienen en cuenta la profundidad emocional y la transformación (El Mago).

- Stephen Strange (Doctor Strange): Elegir al Doctor Strange sugiere un deseo de consejo meditado y reflexivo, posiblemente con una perspectiva única o poco convencional (El Sabio).

10. Competidor en un juego amistoso. Representa a tus colegas de trabajo

- Thanos: Si eliges competir contra Thanos, reflejas el deseo de desafiarte a ti mismo contra un oponente formidable y estratégico, poniendo a prueba tus límites (El Gobernante).

- Loki: Optar por Loki sugiere una preferencia por un competidor que es impredecible y astuto, proporcionando un juego desafiante e intelectualmente estimulante (El Rebelde).

- Tony Stark (Iron Man): Elegir a Tony Stark implica el deseo de una competición innovadora e ingeniosa, donde la creatividad y la rapidez mental son clave (El Creador).

Representación Arquetípica de los personajes de Marvel

El Inocente: Peter Parker (Spider-Man) - Mantiene un sentido de inocencia y optimismo en su manera de ser héroe.

El Huérfano: Matt Murdock (Daredevil) - Lucha por encontrar su lugar en un mundo desafiante, buscando justicia y comunidad.

El Héroe: Steve Rogers (Capitán América) - Encarna los ideales de un héroe, defendiendo lo correcto y protegiendo a los demás.

El Cuidador: Gamora - Conocida por su apoyo y cuidado, especialmente en sus relaciones con personajes como Star Lord.

El Explorador: Thor - Un personaje que busca constantemente nuevas aventuras y experiencias, explorando distintos reinos.

El Rebelde: Loki - Desafía el status quo, impulsado por un fuerte deseo de cambio y reforma.

El Amante: Natasha Romanoff (Viuda Negra) - Forma relaciones profundas y muestra pasión, especialmente en sus momentos más personales.

El Creador: Tony Stark (Iron Man) - Un genio innovador que crea tecnología avanzada y soluciones.

El Bufón: Peter Quill (Star-Lord) - Utiliza el humor para navegar por la vida, a menudo aportando ligereza a situaciones serias.

El Sabio: Stephen Strange (Doctor Strange) - Un buscador de conocimiento místico y sabiduría.

El Mago: Wanda Maximoff (Bruja Escarlata) - Posee poderes transformadores, capaz de alterar la realidad.

El Gobernante: Thanos - Busca imponer su propio orden y visión a una escala universal, encarnando el arquetipo de gobernante.

Lecturas Arquetípicas

A continuación te ofrecemos una serie de lecturas detalladas para cada arquetipo. Estas te permitirán hacer un análisis profundo de la personalidad de cada uno. Si practicas terapias holísticas o usas herramientas arquetípicas como el Tarot o cualquier otro tipo de análisis psicológico, estas lecturas serán un complemento perfecto e invaluable.

El Inocente

El arquetipo del Inocente encarna un sentido de pureza, sencillez y optimismo inquebrantable. Aquellos individuos que se identifican con el arquetipo del Inocente suelen irradiar un aura de frescura y sinceridad, evocando una sensación de confianza y estabilidad en su entorno. Su presencia generalmente resulta reconfortante, como un regreso a tiempos más simples, recordándonos a todos la bondad fundamental de las personas y del mundo. Los Inocentes se esfuerzan por mantener una actitud positiva, valorando la honestidad y la integridad por encima de todo. Abordan la vida con asombro y a menudo son considerados ingenuos o demasiado idealistas. Sin embargo, esta inocencia es su fortaleza, ya que les permite ver lo mejor en las personas y las situaciones.

- Lo que busca: El Inocente es impulsado por el deseo de seguridad y felicidad. Se siente atraído por las alegrías simples de la vida y se esfuerza por mantener una perspectiva optimista, independientemente de las circunstancias. Su objetivo es una existencia armoniosa en la que tanto ellos como los demás puedan sentirse protegidos y contentos. El Inocente busca evitar conflictos y mantener una sensación de paz interior y exterior, creyendo a menudo en la bondad inherente del mundo.

- Lema: El Inocente vive de acuerdo con el lema "Libre de ser tú y yo". Esta frase resume su creencia en la autenticidad, la libertad de expresión y el valor de las características únicas de cada individuo. Animan a los demás a ser fieles a sí mismos y a encontrar la felicidad en sus propias identidades.

- Deseo: Su deseo principal es alcanzar un estado de paraíso, un lugar o sentimiento de completa satisfacción y armonía. El Inocente anhela un mundo libre de dolor y sufrimiento, donde pueda experimentar una alegría y una paz sin adulterar.

- Objetivo: El objetivo principal del Inocente es ser feliz. Intenta crear una vida plena y alegre, evitando complejidades y perturbaciones que puedan alterar su sensación de bienestar.

- Mayor temor: El mayor temor del Inocente es ser castigado por hacer algo malo o incorrecto. Temen profundamente cometer errores que puedan causar daño, pérdida de confianza o una perturbación en su pacífica existencia.

- Estrategia: Su estrategia consiste en hacer las cosas bien y adherirse a códigos morales y éticos. Los Inocentes creen en la honestidad, la integridad y en hacer lo que se considera moralmente correcto.

- **Debilidad:** Una debilidad notable de los Inocentes es su tendencia a ser aburridos debido a su inocencia ingenua. Pueden ser percibidos como simplistas o no estar en contacto con las realidades de un mundo más complejo.

- **Talento:** El Inocente posee los talentos de la fe y el optimismo. Tienen una fe inquebrantable en el bien y una visión esperanzadora que a menudo inspira a los demás.

El arquetipo del Inocente, enfocado en la pureza, el optimismo y la sencillez, ofrece una perspectiva refrescante en un mundo complejo. Su presencia nos recuerda la importancia de mantener la integridad, la esperanza y la creencia en la bondad que existe en cada persona y situación. Estos rasgos reflejan su visión idealista del mundo y su deseo de una vida sin complicaciones y pura.

El Huérfano / El Hombre Corriente

El arquetipo del Huérfano o Hombre Corriente, a menudo considerado como la personificación del individuo promedio, representa el anhelo de pertenecer y establecer conexiones con los demás. Este arquetipo se basa en la realidad y la empatía, y generalmente emana una sensación de realismo y cercanía que resuena en una amplia gama de personas. Los Hombres Corrientes suelen ser vistos como personas confiables, dignas de confianza y accesibles, lo que los convierte en miembros valiosos de cualquier comunidad o grupo. Son la encarnación de la normalidad y a menudo priorizan el bienestar y la inclusión del grupo sobre la búsqueda de reconocimiento individual. A pesar de su naturaleza modesta, los Hombres Corrientes no carecen de importancia, ya que su capacidad para relacionarse con los demás y crear un sentido de unidad es una fuerza poderosa y a menudo subestimada.

- Lo que busca: El arquetipo del Hombre Corriente o Huérfano está impulsado por la necesidad de conexión y pertenencia. Busca establecer vínculos con los demás y valora las relaciones y la comunidad por encima de los logros personales o el reconocimiento. Su objetivo es formar parte integral de un grupo o sociedad donde puedan sentirse aceptados y valorados tal y como son, sin la necesidad de destacar o ser excepcionales.

- **Lema:** El Hombre Corriente vive de acuerdo con el lema "Todos los hombres y mujeres son creados iguales". Esto refleja su creencia en la igualdad, la democracia y el valor de cada individuo. A menudo abogan por la equidad y se oponen al elitismo o la exclusión.

- **Deseo:** El deseo central del Hombre Corriente es conectarse con los demás. Prosperan en entornos en los que pueden interactuar, compartir experiencias y establecer relaciones. Su sensación de plenitud a menudo proviene de ser parte de una comunidad o grupo.

- **Objetivo:** El objetivo del Hombre Corriente o Huérfano es pertenecer a algo. Se esfuerza por encontrar su lugar en el mundo, a menudo buscando estabilidad y continuidad en sus relaciones y su entorno. Su objetivo es crear una vida en la que se sientan incluidos y formen parte de algo más grande que ellos mismos.

- **Mayor temor:** El mayor temor del Hombre Corriente es quedar excluido o destacar entre la multitud. Les preocupa ser aislados, pasados por alto o considerados insignificantes. La idea de no encajar o ser alienados de su comunidad les inquieta profundamente.

- Estrategia: Su estrategia consiste en desarrollar virtudes comunes y sólidas. El Hombre Corriente tiende a ser práctico, realista y sin pretensiones. A menudo muestran una humildad que los hace cercanos y accesibles.

- Debilidad: Una debilidad notable de los Hombres Corrientes es la posible pérdida de su identidad personal en un esfuerzo por encajar o por el bien de relaciones superficiales. Pueden comprometer su individualidad o sus valores personales para ser aceptados.

- Talentos: Los talentos de los Hombres Corrientes incluyen el realismo, la empatía y la autenticidad. Son capaces de conectar con una amplia gama de personas gracias a su naturaleza genuina y su comportamiento comprensivo.

El arquetipo del Hombre Corriente, centrado en la conexión, la igualdad y la pertenencia, desempeña un papel vital en el fomento de la comunidad y la inclusión. Su presencia nos recuerda la importancia de la humildad, la empatía y el poder de lo colectivo sobre lo individual. Sus rasgos reflejan su naturaleza afable y sin pretensiones, destacando su papel como figura estabilizadora y unificadora en cualquier contexto social.

ARQUETIPOS: GUÍA PRÁCTICA

El Héroe

El arquetipo del Héroe se caracteriza por su profundo sentido de valentía, competencia y determinación para enfrentar la adversidad. Aquellos que se identifican con el arquetipo del Héroe suelen ser impulsados por la necesidad de demostrar su valía a través de acciones valientes y se comprometen a tener un impacto positivo en el mundo. Son considerados guerreros en su propio derecho, ya sea en un sentido literal o metafórico, y enfrentan los desafíos con determinación, esforzándose por salir victoriosos. El Héroe es admirado por su valentía y fuerza, y a menudo asume el papel de protector o salvador en diversas situaciones. A pesar de estas cualidades admirables, los Héroes pueden caer en la trampa de la arrogancia y buscar constantemente nuevas batallas para demostrar su fuerza y competencia.

- Lo que busca: El Héroe busca demostrar su valía a través de actos de valentía y habilidad. Están motivados por un profundo deseo de ser vistos como fuertes, capaces y valientes. Sus acciones suelen estar guiadas por un sentido del deber de proteger, defender y mejorar el mundo que les rodea.

- Lema: El lema del Héroe es "Donde hay voluntad, hay un camino". Esto refleja su creencia en el poder de la determinación y la capacidad de superar cualquier obstáculo mediante la fuerza de voluntad y la fortaleza.

- **Deseo:** El deseo central del Héroe es probar su valía a través de actos valientes. Se esfuerzan por ser reconocidos por su valentía, habilidades y capacidad para enfrentar desafíos.

- **Objetivo:** El Héroe aspira al dominio experto de una manera que tenga un impacto positivo en el mundo. No se conforman con el éxito personal; quieren que sus logros beneficien a los demás y al mundo en general.

- **Mayor temor:** El mayor temor del Héroe es la debilidad, la vulnerabilidad y ser percibido como cobarde. Les aterra la idea de ser vistos como incapaces o de fracasar en la protección y lucha por lo que creen.

- **Estrategia:** La estrategia del Héroe es ser lo más fuerte y competente posible. Se centran en desarrollar sus habilidades y capacidades al máximo, preparándose para enfrentar cualquier desafío que se les presente.

- **Debilidad**: Una debilidad significativa del Héroe es la arrogancia y la constante necesidad de entrar en nuevas batallas. Esto puede llevarlos a conflictos innecesarios y a pasar por alto la importancia de la diplomacia y el entendimiento.

- Talentos: Los talentos del Héroe residen en su competencia y coraje. Tienen una habilidad innata para enfrentar el peligro y la adversidad con fuerza y confianza.

El arquetipo del Héroe, con su enfoque en la valentía, la competencia y la mejora del mundo, nos recuerda el poder del coraje y el impacto que un individuo puede tener al superar desafíos y marcar la diferencia. Sus rasgos reflejan su papel como defensor, valiente luchador y compañero de equipo confiable en diversas facetas de la vida.

El Cuidador

El arquetipo del Cuidador se caracteriza por su profundo sentido de compasión y altruismo, impulsado por el poderoso deseo de cuidar y apoyar a los demás. Este arquetipo encuentra una profunda satisfacción en asegurar el bienestar de los demás, a menudo priorizando las necesidades de aquellos a quienes cuida por encima de las suyas propias. El Cuidador se considera la piedra angular de cualquier comunidad o familia, ya que ofrece una sensación de estabilidad y apoyo inquebrantable. Este arquetipo es profundamente empático, a menudo comprende intuitivamente los estados emocionales de quienes le rodean y responde con amabilidad y cuidado.

Sin embargo, el enfoque del Cuidador en los demás puede llevarlo a descuidarse a sí mismo o a ser explotado por otros. Su deseo innato de ayudar puede hacer que le resulte difícil establecer límites, lo que lo hace vulnerable a quienes podrían aprovecharse de su generosidad. A pesar de estas dificultades, la resistencia y dedicación del Cuidador hacia los demás lo hacen indispensable en momentos de necesidad, ofreciendo consuelo y orientación.

La vida del Cuidador se basa en su creencia en la bondad de las personas y del mundo. Suelen mostrar una presencia afectuosa que atrae a los demás hacia ellos en busca de consuelo y fortaleza. Sin embargo, el Cuidador debe ser consciente de sus propias necesidades y aprender a equilibrar su naturaleza desinteresada con el autocuidado, asegurándose de que pueda seguir siendo una fuente de apoyo sin agotarse.

- Lo que busca: El arquetipo del Cuidador busca proporcionar apoyo y cuidados a los demás. Este impulso fundamental los lleva a crear entornos en los que las personas se sientan cuidadas y protegidas. El Cuidador está motivado por un profundo sentido de la empatía y el deseo de garantizar el bienestar y la felicidad de quienes le rodean.

- Lema: El lema del Cuidador es "Ama a tu prójimo como a ti mismo". Esto refleja su creencia fundamental en la importancia de cuidar a los demás igual que uno se cuidaría a sí mismo. Encarna los valores de empatía, generosidad y compasión que definen a este arquetipo.

- Deseo: El deseo central del Cuidador es proteger y cuidar a los demás. Este deseo no solo se refiere al cuidado físico, sino también al apoyo emocional y psicológico. El Cuidador se siente realizado cuando es capaz de influir positivamente en la vida de los demás, especialmente en los más vulnerables o necesitados.

- Objetivo: El objetivo del Cuidador es ayudar a los demás. Se esfuerzan por marcar la diferencia en la vida de las personas a través de sus actos de bondad, apoyo y protección. Ya sea en su vida personal, en su comunidad o en su lugar de trabajo, su objetivo es asegurarse de que los que le rodean estén bien atendidos y sean felices.

- **Mayor temor:** El mayor temor del Cuidador es el egoísmo y la ingratitud. Les preocupa ser percibidos como egocéntricos o indiferentes, y temen que sus esfuerzos no sean reconocidos o apreciados. Este miedo les lleva a menudo a ir más allá en su papel de cuidadores.

- **Estrategia:** La estrategia del Cuidador consiste en hacer cosas por los demás. Suelen anteponer las necesidades de los demás, ofreciendo su tiempo, sus recursos y su apoyo emocional. El Cuidador siempre está buscando formas de ayudar, ya sea ofreciendo consejo, proporcionando apoyo práctico o simplemente estando ahí para escuchar.

- **Debilidad:** La debilidad del arquetipo del Cuidador reside en su tendencia al martirio y a ser explotado. Su naturaleza desinteresada puede llevarlos a veces a descuidar sus propias necesidades o a permitir que otros se aprovechen de su generosidad. Es importante que el Cuidador aprenda a establecer límites saludables.

- **Talento:** Los talentos del Cuidador incluyen la compasión y la generosidad. Tienen una capacidad natural para empatizar con los demás y ofrecer un cuidado y un apoyo auténticos. Su generosidad no se limita a lo material, sino que también están dispuestos a compartir su tiempo, su energía y su fuerza emocional.

El arquetipo del Cuidador, centrado en la empatía, el apoyo y la crianza, desempeña un papel vital en el tejido de las relaciones humanas. Su deseo innato de cuidar de los demás los convierte en una presencia inestimable en cualquier comunidad o grupo. Estos rasgos ponen de relieve su naturaleza protectora y nutritiva, así como su dedicación al bienestar de los demás.

El Explorador

El arquetipo del Explorador se caracteriza por un profundo deseo de libertad y descubrimiento. Este arquetipo se nutre de la aventura y la búsqueda de nuevas experiencias, y a menudo se siente limitado por estilos de vida convencionales o normas sociales. Los Exploradores son impulsados por una curiosidad que los lleva a viajar, ya sea literal o metafóricamente, en busca de una vida más auténtica y satisfactoria. No les asusta apartarse de los caminos trillados y forjarse su propio camino en el mundo.

Sin embargo, esta búsqueda constante de nuevas experiencias a veces puede hacer que los Exploradores se sientan inquietos o insatisfechos con el estado actual de las cosas. Pueden tener dificultades para comprometerse, ya que temen que asentarse en cualquier aspecto de la vida los lleve al estancamiento. Su búsqueda constante de algo "más" puede dificultarles apreciar el momento presente y las relaciones y logros que tienen en la actualidad.

El viaje del Explorador implica tanto el descubrimiento de sí mismos como la exploración del mundo exterior. Buscan comprender su verdadero yo y a menudo utilizan sus experiencias como un espejo para reflejar sus deseos y miedos más íntimos. Esta introspección puede llevar a profundas reflexiones, pero también plantea el riesgo de excederse en el autoanálisis, lo que puede conducir al aislamiento o a un sentimiento de alienación.

- Lo que busca: El arquetipo del Explorador busca la libertad tanto física como espiritual. Desea explorar el mundo, conocer nuevas culturas, ideas y estilos de vida, y a través de estas experiencias, descubrir su verdadero yo. Su viaje consiste en liberarse de las limitaciones y encontrar su propio camino en la vida.

- Lema: El lema de los Exploradores es "No me encierres". Refleja su anhelo de libertad y su resistencia a todo lo que pueda limitar su potencial o su capacidad de explorar, ya sea física, intelectual o espiritualmente.

- Deseo: El deseo central del Explorador es vivir una vida que sea fiel a sí mismo. Anhelan comprender quiénes son fuera de las expectativas y normas sociales. Este deseo los impulsa a buscar experiencias que los desafíen y les abran nuevas perspectivas.

- Objetivo: El objetivo del Explorador es experimentar una vida más auténtica y satisfactoria. Creen que a través de la exploración pueden encontrar un sentido de propósito y realización que no está disponible a través de medios convencionales.

- Mayor temor: El mayor temor del Explorador es quedarse atrapado, experimentar conformidad y vacío interior. Les aterra la idea de vivir una vida que no es la suya o sentir que se han perdido lo que el mundo puede ofrecerles.

- **Estrategia:** La estrategia del Explorador consiste en viajar, buscar y experimentar cosas nuevas. Suelen escapar del aburrimiento y la rutina sumergiéndose en entornos diferentes o participando en actividades nuevas.

- **Debilidad:** La debilidad del arquetipo del Explorador puede ser vagar sin rumbo y convertirse en un inadaptado. Su búsqueda constante de nuevas experiencias a veces puede carecer de dirección, lo que los lleva a sentirse desconectados o insatisfechos a pesar de sus aventuras.

- **Talento:** El talento del Explorador reside en su autonomía, ambición y en ser fiel a su alma. Son autosuficientes, impulsivos y están profundamente comprometidos a vivir una vida que esté en consonancia con sus valores y deseos más profundos.

El arquetipo del Explorador encarna el deseo de descubrimiento y autorrealización del espíritu humano. Su viaje es un testimonio de la creencia de que la vida es una aventura que hay que vivir plenamente y de que la verdadera plenitud viene de seguir el propio camino, dondequiera que conduzca. Estos roles reflejan su espíritu aventurero, su voluntad de desafiar las normas y su viaje hacia el autodescubrimiento y la autenticidad.

El Rebelde

El arquetipo del Rebelde se define por su espíritu radical y su profundo deseo de cambio. Los individuos que encarnan este arquetipo suelen considerarse inconformistas o revolucionarios, impulsados por una profunda insatisfacción con el statu quo. El Rebelde no teme desafiar a la autoridad o las normas sociales y sus acciones suelen estar guiadas por el deseo de una transformación o mejora significativa. Están dispuestos a asumir riesgos y a superar los límites para lograr el cambio en el que creen.

Sin embargo, este deseo de agitación a veces puede llevar a los Rebeldes a adoptar comportamientos destructivos o una actitud demasiado conflictiva. Su enfoque en lo que está mal en el mundo a veces puede eclipsar el potencial de cambio positivo. El reto del Rebelde consiste en canalizar su deseo de cambio hacia acciones constructivas que no alejen a aquellos en los que desea influir o inspirar.

El arquetipo del Rebelde se nutre de la autenticidad y suele ser respetado por su valentía a la hora de defender aquello en lo que cree. Su voluntad de alzar la voz y actuar contra la injusticia puede inspirar a otros a cuestionar sus propias creencias y suposiciones sobre el mundo. El viaje del Rebelde implica encontrar un equilibrio entre su espíritu revolucionario y los aspectos prácticos de lograr un cambio significativo.

- **Lo que busca:** El arquetipo del Rebelde busca cambiar lo que no funciona en su entorno o en la sociedad en general. Les mueve el deseo de revolución o venganza contra las injusticias o ineficiencias percibidas. Sus acciones suelen estar motivadas por una necesidad profundamente arraigada de marcar la diferencia y desafiar el statu quo.

- **Lema:** El lema de los Rebeldes es "Las reglas están hechas para romperse". Esto refleja su creencia en cuestionar y desafiar las normas y estructuras existentes. No tienen miedo de ir contra corriente en busca de su visión de un mundo mejor.

- **Deseo:** El deseo central del Rebelde es la venganza o la revolución. Este deseo tiene su origen en un sentimiento de injusticia o de insatisfacción con las condiciones actuales. Los Rebeldes buscan desmantelar o cambiar radicalmente los sistemas que consideran defectuosos u opresivos.

- **Objetivo:** El objetivo del rebelde es provocar un cambio significativo. Pretenden transformar o derrocar estructuras, sistemas o ideologías existentes que consideran problemáticos. Este objetivo suele implicar un cambio radical de la situación actual.

- **Mayor temor:** El mayor temor de los rebeldes es la impotencia o la ineficacia. Temen que sus esfuerzos por lograr el cambio sean ignorados o suprimidos, lo que les impediría tener el impacto que desean.

- **Estrategia:** La estrategia del Rebelde consiste en perturbar, destruir o escandalizar. Suelen adoptar tácticas poco convencionales y audaces para llamar la atención sobre su causa y alterar el statu quo. Su enfoque puede ser polémico y está diseñado para provocar la reflexión y la acción.

- **Debilidad:** La debilidad del Rebelde puede incluir pasarse al lado oscuro o participar en actividades delictivas. En su celo por el cambio, los Rebeldes a veces pueden recurrir a métodos poco éticos o perjudiciales, lo que podría socavar sus propios objetivos.

- **Talento:** El talento del Rebelde reside en su indignación y libertad radical. Son capaces de pensar con originalidad y no se rigen por el pensamiento o los enfoques convencionales. Esto les permite encontrar soluciones innovadoras y a menudo eficaces a problemas complejos.

El arquetipo del Rebelde encarna el espíritu de cambio y el valor de desafiar el orden establecido. Su viaje es un viaje de transformación, no solo del mundo que les rodea, sino también de sí mismos, a medida que navegan por las complejidades de un cambio significativo y duradero. Estos rasgos ponen de relieve su capacidad para desafiar y cambiar los sistemas existentes, así como su tendencia a desmarcarse de la sociedad dominante.

El Amante

El arquetipo del Amante encarna la búsqueda de la intimidad, la belleza y el placer sensual. Las personas que se identifican con este arquetipo sienten un profundo deseo de conectar con los demás a nivel emocional y físico. Buscan crear y mantener relaciones significativas y suelen estar muy en sintonía con las necesidades y deseos de sus parejas. Los enamorados son apasionados, devotos y comprometidos, y a menudo hacen todo lo posible por complacer a sus seres queridos.

Sin embargo, esta intensa atención a las relaciones y a la validación externa puede llevar a veces a los Enamorados a perder de vista su propia identidad. Su miedo a estar solos o a no ser queridos puede llevarles a ajustarse a las expectativas de los demás a expensas de sus propias necesidades y deseos. Equilibrar su propio sentido del yo con su profunda necesidad de conexión es un reto clave para el arquetipo del Amante.

Los Amantes son conocidos por su capacidad para apreciar y crear belleza en todos los ámbitos de la vida. Suelen tener un gran sentido de la estética y pueden sentirse atraídos por las actividades artísticas o creativas. Su pasión y compromiso pueden ser fuerzas poderosas para unir a las personas y fomentar un sentimiento de unidad y armonía.

- **Lo que busca:** El arquetipo del Amante busca intimidad y experiencias que profundicen sus relaciones con las personas, el trabajo y el entorno que ama. Le mueve el deseo de conexión y de una vida llena de pasión y gratificación.

- **Lema:** El lema del Amante es "Tú eres el único". Esto refleja su interés por crear conexiones especiales y únicas con los demás, haciendo hincapié en las relaciones profundas e individuales.

- **Deseo:** El deseo principal del Amante es lograr intimidad y experiencia. Anhelan la cercanía y un entendimiento profundo con los demás, buscando experimentar la vida a través de relaciones ricas en profundidad emocional y sensual.

- **Objetivo:** El objetivo del Amante es mantener una relación con las personas, el trabajo y el entorno que ama. Se esfuerza por crear y mantener vínculos emocionalmente gratificantes y profundamente satisfactorios.

- **Mayor temor:** El mayor temor del Amante es estar solo, ser un alhelí, no ser querido o no ser amado. Les aterra la idea del aislamiento o el rechazo y les motiva el deseo de ser queridos y valorados por los demás.

- **Estrategia**: La estrategia del Amante consiste en ser más atractivo física y emocionalmente para los demás. Suelen esforzarse en cultivar su encanto y atractivo para asegurarse de que son deseables y queribles.

- **Debilidad:** La debilidad del Amante puede ser un deseo dirigido hacia el exterior para complacer a los demás a riesgo de perder su propia identidad. En sus esfuerzos por mantener las relaciones, pueden descuidar sus propias necesidades y su individualidad.

- **Talento:** Los talentos del Amante incluyen la pasión, la gratitud, el aprecio y el compromiso. Tiene una capacidad natural para apreciar y disfrutar profundamente de la vida, aportando entusiasmo y alegría a sus relaciones y experiencias.

El arquetipo del Amante, con su énfasis en la conexión, la pasión y la belleza, desempeña un papel vital en las relaciones humanas. Su viaje implica no sólo la búsqueda del amor y el placer, sino también la búsqueda de un yo equilibrado y auténtico que pueda amar y ser amado verdadera y profundamente.

El Creador

El arquetipo del Creador, también conocido como Artista, encarna la esencia de la creatividad y la imaginación. Su existencia está impulsada por el deseo de dar vida a ideas nuevas y originales, transformando visiones en realidad. El Creador no se limita a soñar, sino que es un hacedor, encontrando profunda satisfacción en el acto de crear, ya sea arte, música, escritura u otras formas de expresión. Este arquetipo prospera en entornos que fomentan la innovación y priorizan la autenticidad, esforzándose constantemente por producir obras únicas y con un valor duradero. Sin embargo, esta búsqueda de la perfección a veces puede llevar a la insatisfacción, ya que el Creador puede sentir que su trabajo nunca está terminado o no es lo suficientemente bueno. El viaje del Creador tiende a ser solitario, ya que se sumerge en su mundo interior para extraer ideas puramente personales, sin influencias externas. Su talento reside en su capacidad para ver el mundo de manera única y compartir esa visión con los demás, inspirándolos a explorar nuevas posibilidades.

- **Lo que busca:** Su búsqueda se centra en crear significado y estructura en su mundo. Su fuerza motriz es la necesidad de expresar su visión, dar existencia a algo nunca antes visto. El Creador busca constantemente la originalidad e innovación, hallando consuelo y satisfacción en el acto de crear. Este arquetipo está en una búsqueda perpetua por transformar ideas en formas tangibles, ya sea a través del arte, invenciones u otros medios.

- **Lema:** "Si se puede imaginar, se puede hacer". Este lema resume el optimismo ilimitado y la confianza del arquetipo Creador. Cree profundamente en el poder de la imaginación y el potencial de convertir los sueños en realidad. Es un llamado a la creatividad y un recordatorio de que los únicos límites son los de su propia visión.

- **Deseo:** Su deseo primordial es crear cosas de valor duradero. El Creador no se conforma con creaciones superficiales o efímeras, sino que anhela causar un impacto perdurable. Ya sea una obra de arte, una novela o un invento, el objetivo es crear algo que resista el paso del tiempo y deje un legado duradero.

- **Objetivo:** El objetivo último del Creador es hacer realidad una visión profundamente personal, a menudo vinculada a su identidad. Su objetivo es dar vida a esta visión de manera que satisfaga no solo sus deseos creativos, sino que también aporte algo de valor al mundo.

- **Mayor temor:** Su mayor temor es una visión o ejecución mediocres. Constantemente preocupa que sus creaciones no estén a la altura de sus elevados estándares o no logren materializar completamente su visión. A veces, este miedo puede ser paralizante y conducir al perfeccionismo y la procrastinación.

- Estrategia: Su estrategia se basa en desarrollar control y habilidad artísticos. El Creador invierte tiempo y energía en dominar su oficio, convencido de que la destreza y la atención al detalle son cruciales para lograr su visión.

- Debilidad: La debilidad del arquetipo del Creador es el perfeccionismo y, en ocasiones, las soluciones poco prácticas. En su búsqueda incesante de la perfección, puede perder de vista consideraciones prácticas o enredarse tanto en los detalles que la visión global se ve comprometida.

- Talento: La creatividad y la imaginación son sus mayores talentos. Posee una habilidad natural para pensar con originalidad, ver más allá de lo ordinario y aportar ideas realmente originales.

El Creador personifica la esencia de la creatividad, con una vida dedicada a materializar ideas únicas y originales. Destaca en entornos que valoran la innovación y la autenticidad, persiguiendo constantemente la creación de obras significativas y perdurables. El viaje del Creador a menudo involucra profunda introspección y soledad, lo que conduce a la creación de obras que inspiran a otros a ver el mundo de manera diferente. Estos rasgos reflejan las diversas facetas del arquetipo del Creador, destacando su versatilidad y naturaleza polifacética en el ámbito de la creatividad y la innovación.

El Bufón

El arquetipo del Bufón, también conocido como el Loco, el Embaucador, el Bromista, el Bromista Práctico o el Comediante, se caracteriza por su deseo de vivir plenamente y llevar alegría a los demás. Su filosofía es la de "Sólo se vive una vez", lo que lo motiva a buscar el disfrute en cada momento. El Bufón tiene una habilidad innata para iluminar su entorno, utilizando el humor como herramienta. Su enfoque de la vida es lúdico, a menudo haciendo bromas o participando en travesuras para divertirse a sí mismo y a los demás. Sin embargo, esta actitud juguetona puede llevarlo a la frivolidad y a veces a perder el tiempo. Su objetivo principal es disfrutar y asegurarse de que los que lo rodean también lo hagan. Su mayor temor es aburrirse o aburrir a los demás, por lo que busca constantemente nuevas experiencias y formas de llevar la risa y la ligereza al mundo. Su estrategia se basa en el juego, las bromas y el humor, ya que cree que la risa es la mejor manera de crear una vida alegre y vibrante. Aunque su debilidad puede ser la tendencia a ser frívolo o a perder el tiempo en busca de diversión, su talento indiscutible es la alegría que aporta a la vida de los demás. Como Bufón, tiene la habilidad única de convertir incluso las situaciones más mundanas en algo divertido y entretenido.

- **Lo que busca:** Busca vivir el momento con plena diversión y experimentar los placeres de la vida. Su objetivo es aportar diversión y ligereza a todo lo que hace, centrando su atención en aprovechar al máximo el presente.

- **Lema:** "Sólo se vive una vez". Este lema refleja su creencia en disfrutar al máximo cada momento y experimentar la plenitud de la vida. Es un llamado a abrazar la espontaneidad y encontrar la alegría en cada situación.

- **Deseo:** Su deseo fundamental es vivir el momento con pleno disfrute y llevar alegría a sí mismo y a los demás.

- **Objetivo:** Su objetivo es disfrutar al máximo y llenar de alegría y risas su vida y la de quienes lo rodean, convencido de que la felicidad es contagiosa.

- **Mayor temor:** Su mayor temor es aburrirse o aburrir a los demás. Le aterra la idea de una vida carente de emoción y diversión, por lo que se esfuerza por mantener siempre un ambiente entretenido.

- **Estrategia:** Su estrategia se basa en jugar, hacer bromas y ser divertido. Utiliza el humor como herramienta para alegrar a los demás y hacer que la vida sea ligera y agradable. Su naturaleza juguetona es su mejor aliada para lograr una vida alegre.

- **Debilidad:** Su debilidad radica en la frivolidad y la posibilidad de perder el tiempo. En su búsqueda constante de diversión, a veces pasa por alto la importancia de la responsabilidad y la concentración.

- **Talento:** Su talento principal es la alegría. Posee una habilidad innata para llevar la felicidad y la risa a la vida de los demás, lo que lo convierte en una presencia fundamental en cualquier grupo social.

El arquetipo del Bufón, con su enfoque en la alegría y la diversión, es un recordatorio constante de que la vida no debe tomarse demasiado en serio. Su capacidad para iluminar cualquier situación con humor y su deseo de experimentar plenamente el presente nos invitan a abrazar la espontaneidad y encontrar la felicidad en los momentos más simples. En un mundo a menudo cargado de preocupaciones y responsabilidades, el Bufón nos recuerda la importancia de reír, jugar y disfrutar de la vida al máximo. Sus rasgos reflejan los diversos aspectos de su naturaleza juguetona y humorística, mostrando su capacidad para aportar ligereza y alegría a cualquier situación.

El Mentor o Sabio

El arquetipo del Sabio, también conocido como Experto, Erudito, Detective, Consejero, Pensador, Filósofo, Académico, Investigador, Planificador, Profesional, Mentor, Maestro y Contemplativo, representa la búsqueda del conocimiento y la verdad. La vida del Sabio se guía por el lema "La verdad os hará libres", que refleja su profundo deseo de descubrir y comprender las realidades del mundo. El Sabio se caracteriza por su deseo de encontrar la verdad, lo que lo lleva a buscar constantemente conocimiento, sabiduría y perspicacia. Esta búsqueda implica un amplio proceso de aprendizaje, análisis y contemplación. Su objetivo principal es utilizar su inteligencia y capacidad de análisis para comprender profundamente el mundo que lo rodea. Uno de los mayores temores del Sabio es ser engañado o permanecer en la ignorancia, lo que lo motiva a buscar constantemente nueva información y desafiar su propio entendimiento.

- **Lo que busca:** El Sabio busca comprender el mundo a través del conocimiento y el análisis. No solo busca información, sino una sabiduría profunda que pueda aplicar para comprender mejor las complejidades de la vida. Esta búsqueda de la verdad no es únicamente intelectual; es un viaje hacia la iluminación personal y colectiva.

- **Lema:** "La verdad os hará libres". Este lema resume la creencia del Sabio en el poder del conocimiento y la verdad para liberar e iluminar. Refleja su compromiso con el descubrimiento de lo que es real y verdadero, incluso si el camino es difícil.

- **Deseo:** El deseo fundamental del Sabio es encontrar la verdad. No se trata solo de adquirir información, sino de comprender los principios fundamentales que rigen el mundo y la experiencia humana.

- **Objetivo:** El objetivo del Sabio es utilizar la inteligencia y el análisis para comprender el mundo. Esto implica no solo aprender, sino también sintetizar y aplicar el conocimiento de manera que ofrezca una visión más profunda de los misterios de la vida.

- **Mayor temor:** El mayor temor del Sabio es ser engañado o permanecer en la ignorancia. La idea de aceptar falsedades o vivir en la ignorancia va en contra de todo lo que representa el Sabio.

- **Estrategia:** La estrategia del Sabio implica la búsqueda de información y conocimiento, junto con la autorreflexión y la comprensión de los procesos de pensamiento. No solo valora la acumulación de conocimientos, sino también la capacidad de pensar de manera crítica y analizar la información.

- **Debilidad:** La debilidad del Sabio puede ser un énfasis excesivo en el estudio de los detalles, lo que puede llevar a la inacción. En su búsqueda de conocimiento, el Sabio puede quedar tan absorto en el aprendizaje que descuida la aplicación de sus conocimientos o la toma de decisiones basadas en ellos.

- **Talento:** El talento del Sabio reside en la sabiduría y la inteligencia. Tiene una habilidad natural para absorber información, pensar de manera crítica y ofrecer perspectivas perspicaces y bien pensadas sobre una variedad de temas.

El arquetipo del Sabio también se caracteriza por su profunda empatía y compasión hacia los demás. Su búsqueda de la verdad no se limita solo al conocimiento intelectual, sino que también se extiende a comprender las emociones y las experiencias humanas. El Sabio se convierte en un consejero y mentor invaluable para aquellos que buscan orientación y sabiduría en sus vidas. Su capacidad para escuchar de manera atenta y ofrecer consejos reflexivos lo convierte en una fuente de apoyo emocional para quienes lo rodean. Además, el Sabio a menudo busca compartir su conocimiento y sabiduría con generosidad, contribuyendo así al crecimiento y desarrollo de la sociedad en su conjunto. Su influencia se extiende más allá de su búsqueda personal de la verdad, impactando positivamente en las vidas de aquellos que tienen la suerte de cruzar su camino.

El Mago

l arquetipo del Mago, también conocido como Visionario, Catalizador, Inventor, Líder Carismático, Chamán, Sanador y Curandero, encarna la esencia de la transformación y la realización. Su existencia gira en torno al profundo lema "Hace que las cosas sucedan", que capta su deseo central de comprender las leyes fundamentales del universo y utilizar ese conocimiento para crear y manifestar realidades. Como Mago, le mueve el objetivo de hacer realidad los sueños, no solo para él, sino para el bien común. Su enfoque de la vida se caracteriza por desarrollar una visión y vivir de acuerdo con ella, trabajando constantemente para convertir las posibilidades en realidad. El mayor temor del Mago es que se produzcan consecuencias negativas no deseadas, lo que le lleva a considerar cuidadosamente las acciones y sus posibles repercusiones.

- **Lo que busca:** Busca comprender y aprovechar los principios subyacentes del universo. Esta búsqueda no es solo para obtener beneficios personales, sino para efectuar cambios y provocar transformaciones positivas en el mundo que le rodea. Su viaje es un proceso de aprendizaje y adaptación constantes, en el que intenta alinear sus acciones con un propósito mayor.

- **Lema:** "Hace que las cosas sucedan". Este lema resume su naturaleza proactiva y su convicción en su capacidad para lograr cambios. Refleja su confianza en sus habilidades y conocimientos, y su compromiso de utilizarlos para cambiar el mundo.

- Deseo: Su deseo principal es comprender las leyes fundamentales del universo. Esta necesidad arraigada impulsa su búsqueda del conocimiento, la perspicacia y la aplicación de ambos de forma que se produzca un cambio real.

- Objetivo: Su objetivo es hacer realidad sus sueños. Esto implica no solo hacer realidad sus propias visiones, sino también capacitar a los demás para que logren sus aspiraciones. Trabaja para crear una realidad que se alinee con sus valores y deseos más profundos.

- Mayor temor: Su mayor temor son las consecuencias negativas no deseadas. Este temor le mantiene alerta y reflexivo, asegurándose de que sus acciones conducen a resultados positivos y no causan daño inadvertidamente.

- Estrategia: Su estrategia consiste en desarrollar una visión y vivir de acuerdo con ella. No es un soñador pasivo, sino un creador activo que utiliza su conocimiento del mundo para lograr los cambios que imagina.

- **Debilidad:** Una debilidad potencial del Mago es el riesgo de volverse manipulador. En la búsqueda de su visión, existe el peligro de que utilice sus conocimientos y carisma de forma interesada o poco ética.

- **Talento:** Su talento reside en encontrar soluciones beneficiosas para todos. Tiene una capacidad única para ver más allá de lo obvio, descubrir posibilidades ocultas y crear resultados que beneficien a todos los implicados.

El Mago es un arquetipo que se encuentra constantemente en la búsqueda de nuevas formas de explorar y comprender el mundo que lo rodea. Su mente inquisitiva y su pasión por el conocimiento lo llevan a investigar áreas diversas, desde la ciencia y la tecnología hasta las artes y la espiritualidad. A menudo, el Mago se convierte en un líder carismático que inspira a otros a unirse a su búsqueda de la verdad y el progreso. Su capacidad para conectar conceptos aparentemente dispares y encontrar patrones ocultos lo convierte en un catalizador para la innovación y el cambio positivo en la sociedad. Aunque puede ser percibido como reservado en ocasiones debido a su profunda introspección, el Mago está constantemente trabajando en su objetivo de transformar el mundo en un lugar mejor a través de su conocimiento y visión.

El Gobernante

El arquetipo del Gobernante emana una sensación de poder y control, tratando de crear orden y estructura en su entorno. Este arquetipo suele considerarse un líder natural, que encarna las cualidades de autoridad, responsabilidad y organización. El Gobernante está impulsado por su deseo de control, no solo sobre su propia vida, sino también sobre los sistemas y organizaciones de los que forma parte. Suelen ser vistos como los que mandan, ya sea en un entorno familiar, comunitario o empresarial.

El arquetipo del Gobernante se caracteriza por una profunda necesidad de estabilidad y certidumbre. Se esfuerza por crear un entorno próspero y exitoso, y a menudo asume el papel de protector de los que están a su cargo. Su estilo de liderazgo suele consistir en poner orden en medio del caos, asegurándose de que todo y todos funcionen con fluidez y eficacia. El Gobernante se encuentra en su mejor momento cuando puede ejercer su autoridad de forma que beneficie a los demás, fomentando una sensación de seguridad y protección.

- **Lo que busca:** El Gobernante se centra principalmente en crear orden y estabilidad en su entorno. Busca tener el control sobre lo que le rodea y asegurarse de que todo funciona bien y con eficacia. Esta búsqueda de control está impulsada por un profundo deseo de seguridad y previsibilidad.

- Lema: El lema del Gobernante es "El poder no lo es todo, es lo único". Este lema refleja su creencia en la importancia del control y la autoridad. Ven el poder como un medio para crear estabilidad y orden, que son esenciales para una comunidad u organización próspera y exitosa.

- Deseo: El deseo central del Gobernante es el control. Tienen una fuerte necesidad de sentirse al mando y de saber que pueden influir en su entorno y en los resultados de las situaciones. Este deseo de control se extiende a todos los aspectos de su vida, desde sus relaciones personales hasta sus esfuerzos profesionales.

- Objetivo: El objetivo del Gobernante es crear una familia o una comunidad próspera y exitosa. Se esfuerza por construir y mantener sistemas y estructuras que permitan el crecimiento y la estabilidad del grupo u organización que dirige.

- Mayor temor: El mayor temor del Gobernante es el caos y ser derrocado. Teme perder el control y el consiguiente desorden. Este miedo les impulsa a mantener un férreo control sobre su dominio, lo que a veces les lleva a tener tendencias autoritarias.

- Estrategia: La estrategia del Gobernante consiste en ejercer el poder y la autoridad. Cree en el establecimiento de normas y directrices y espera que los demás las sigan. Suelen adoptar un enfoque práctico del liderazgo, gestionando y dirigiendo activamente los esfuerzos de quienes están bajo su control.

- Debilidad: La debilidad del Gobernante es su tendencia a ser autoritario y su incapacidad para delegar. Su necesidad de control puede llevar a veces a la microgestión, sofocando la creatividad y la independencia de los demás. Esto puede provocar resentimiento y falta de innovación en su equipo o comunidad.

- Talento: El talento del Gobernante reside en su sentido de la responsabilidad y el liderazgo. Tiene una capacidad natural para asumir el mando y tomar decisiones que benefician al grupo en su conjunto. A menudo se les considera fiables y dignos de confianza, capaces de proporcionar estabilidad y dirección en tiempos de incertidumbre.

El arquetipo del Gobernante también tiende a estar muy enfocado en la tradición y el legado. Sienten la responsabilidad de preservar y mantener las normas y valores establecidos por generaciones anteriores. Esta conexión con la herencia cultural y la historia a menudo los impulsa a tomar decisiones que reflejan un profundo respeto por la continuidad y la estabilidad de las instituciones y comunidades que lideran. Además, el Gobernante puede enfrentar desafíos cuando se encuentra en situaciones de cambio o incertidumbre, ya que su necesidad de control a veces puede chocar con la necesidad de adaptación y flexibilidad. En su búsqueda de poder y autoridad, el Gobernante puede aprender a equilibrar la tradición con la innovación para liderar de manera efectiva en un mundo en constante evolución.

Epílogo

Querido lector,

Al concluir la lectura de este libro, no solo finalizas una serie de capítulos, sino que culminas una significativa jornada hacia la introspección y el entendimiento de los arquetipos junguianos. A través de estas páginas, has explorado las profundidades de tu ser, descubriendo herramientas valiosas para la comprensión de ti mismo y de quienes te rodean.

Los arquetipos, símbolos del vasto universo de la psique, sirven como guías hacia nuestras verdades más esenciales y potencialidades ocultas. Este proceso de descubrimiento, apoyado por los tests únicos presentados en el libro, es una invitación permanente a profundizar en el conocimiento de tu identidad y posibilidades.

Con este libro hemos querido inspirarte y guiarte en tu camino de crecimiento personal. Recuerda siempre: el autoconocimiento es un viaje continuo, una obra en constante evolución.

Te aliento a aplicar las lecciones aprendidas y a utilizar los conocimientos adquiridos para una mayor comprensión y empatía en tus relaciones interpersonales.

Además, te invito cordialmente a seguir enriqueciendo este viaje de autoconocimiento visitando nuestro sitio web www.tusdecretos.com y nuestra página de Facebook https://facebook.com/magiamental . En estos espacios, encontrarás una comunidad activa y recursos para tu aprendizaje y desarrollo personal.

Con gratitud y esperanza,

Juan David Arbeláez

Otros libros

Neville Goddard:
Haz Tus Deseos Realidad:
El Poder Infinito del YO SOY

William Walker Atkinson
MAGIA MENTAL EL SECRETO DEL ÉXITO: El Poder De La Sugestión Y La Ley De La Atracción

El Nuevo Juego de la Vida y Cómo Jugarlo:
Obras Completas de Florence Scovel Shinn Actualizadas para el Siglo XXI

Neville Goddard
SENTIR ES EL SECRETO DEL YO SOY: Incluye la obra Sentir es El Secreto y diez de las mejores conferencias de Neville Goddard actualizadas

Alan Watts
La Era de la Ansiedad
Sabiduría para asumir la inseguridad como camino hacia la paz interior.

Neville Goddard:
La Biblia: El Manual Secreto del "Yo Soy"
Simbología De La Biblia Revelada Como Un Poderoso Manual De Psicología.